JN306180

敦

都立中高一貫校10校の真実

白鷗／両国／小石川／桜修館／武蔵／立川国際／富士／大泉／南多摩／三鷹／区立九段

GS
幻冬舎新書
324

まえがき

平成23年（２０１１）の春、都立白鷗《はくおう》高等学校は、東京大学に現役で5名もの合格者を出した。

これに驚いたマスコミは、「白鷗ショック」なる言葉で、その成果を大々的に伝えた。

白鷗高校は平成19年（２００７）以来、現役・浪人を含め、東大の合格者を出していなかった。それがにわかに5名の合格者を出したうえ、東大を含む難関国公立大学に10名、早稲田大学に37名、慶応大学に15名（現役・浪人あわせて）が合格したのである。

そもそもこの年の白鷗高校の6年生（高３）の進学実績は、進学塾や保護者らを含めた受験界では注目の的であった。彼らは、はじめて東京都にできた公立の中高一貫校である白鷗の1期生だったからである。

もともと白鷗高校は、戦前は東京府立第一高等女学校といい、その前身も含めて１２０年以上の伝統を持つ学校であった。

都立高校有数の進学校でもあり、昭和40年代半ばから50年代の後半までは、毎年東大合格者（現役・浪人あわせて）6～8名を出していた。国公立大学の合格者も100名を超え、平成元年（1989）には163名を数えている。これは生徒の半数にのぼる。

ところがその後、だんだんと進学実績に陰りが見えるようになり、平成12年（2000）にはついに東大合格者が途絶えてしまう。それから数年間は、毎年1名程度の合格者が出るだけとなり、平成19年からは完全に絶えてしまっていたのだ。

東京都教育委員会が、都立の中高一貫校の設置を決めたのは、平成11年のことである。まずパイロット校となる2校を立ち上げ、その3年後に、この2校を含め都内に全10校の都立中高一貫校を開設するとプレス発表した。

その10校とは、白鷗、小石川《こいしかわ》、両国、桜修館《おうしゅうかん》、武蔵、立川国際、南多摩、三鷹《みたか》、富士、大泉高校である。

文部科学省は当初、中高一貫校をもうけるねらいとして、受験のない6年間のゆったりとした教育活動のなかで、子供達の個性や才能を伸ばすことを考えていた。しかし、中高一貫校に生まれ変わることになる高校は、大学進学実績が次第に下がり、てこ入れが必要な元進学校が少なくなかった。そういった意味では、東京都教育委員会は、「ゆとり教育」というより、はじめから「都立高校の再生」を企図していたのではなかろうか。

いずれにせよ、平成17年、中高一貫校となった白鷗高校附属中学校の適性検査が実施された。附属中学校の募集定員は160名。なんとそこに、2000名を超える応募者が殺到したのだ。一般募集枠の倍率は14倍を超えたのである。これを5倍程度まで書類選考でしぼり、2月3日に初めての「適性検査」が行われた。冒頭のような驚くべき進学実績を出した子供達は、そのときに入学した1期生達である。

「白鷗ショック」によって、もともと人気のあった都立中高一貫校には、ますます多くの入学希望者が集まるようになり、今では、毎年7～8倍の倍率を出すに至っている。その応募総数は毎年9000人から1万人にのぼり、合格者は10校で1400人以上になる。追って開校した両国高校、小石川高校、桜修館高校なども、2～5名の東大合格者を出すようになっている。

マスコミも盛んに都立中高一貫校の実績をたたえ、大手の学習塾は専門コースを次々とつくり、都立中高一貫校に関する問題集や参考書も数多く出版されるようになった。

これは、今まで国公立難関大学や有名私立大学の合格者の大半を輩出していた私立の中高一貫校にとっては、大きな脅威である。そもそも都立中高一貫校は、授業料が6年間無料なのだ。私学は、学費の面では到底歯が立たない。

だが、都立の中高一貫校はまだはじまったばかりだ。「果たして本当にお買い得なのか」と疑問に思っている方も少なくないだろう。

幸い私は、白鷗高校が中高一貫校に変わる前からこの学校に勤務し、1期生から今年3月に卒業した3期生まで、日本史で大学受験をした生徒すべてに教えてきた。なおかつ、高校時代の3年間、彼らの担任として進学指導もおこなってきた。

本書は、そうした密接な立場から、都立の中高一貫校について、是々非々の立場に立って、その実態について正しく記したつもりだ。

きっと本書を読んで、都立中高一貫校の意外な素顔に驚かれるのではなかろうか。

なお、ここに記した内容は、都立中高一貫校のみならず、全国の公立中高一貫校にもあてはまることが多いはずだ。公立の中高一貫校を我が子の進学先に考えている保護者の方々も、本書をじっくり読んでから受検するかどうかを検討していただきたいと心から願っている。

河合　敦

都立中高一貫校10校の真実／目次

第3章 10校の都立中高一貫校と九段中等教育学校 99

第4章　都立中高一貫校の現実とその矛盾　141

第1章 都立中高一貫校の構想

世にも奇妙な「学校群制度」

東京都教育委員会は、平成7年(1995)に「新しく生まれ変わる都立高校―都立高校白書」を発表し、都立高校の大改革に乗り出すことを高らかに宣言した。
翌平成8年には「都立高校に関する都民意識調査」をおこない、平成9年9月、「都立高校改革推進計画」および「第一次実施計画」を策定したのである。

この時期の都立高校は、無残に、そして悲しいほどに凋落《ちょうらく》してしまっていた。

その遠因は、昭和42年(1967)から導入され、昭和56年(1981)まで続いてきた「学校群制度」という、前代未聞の愚策にあった。

1960年代、高校の受験競争が大都市部を中心に過熱し、東京都でも日比谷高校や戸山高校、西高校といった戦前のナンバースクールに受験者が殺到するという現象が起こっていた。

ナンバースクールに入学したいがために、わざわざ住民票をその学校の通学区域に移すという越境入学が、当時はごくあたり前におこなわれていたのである。

こうした異常な状況を解消しようと、東京都、千葉県、愛知県などが次々と導入していったのが、「学校群」という世にも奇妙な制度であった。

ナンバースクールを含めた複数の周辺校を群（グループ）としてくくり、中学生にはこの群を受験させることにしたのである。そして合格者はアトランダムに群内の学校に振り分けられる。つまり、自分が入りたい高校を受験生が個人の意志で選べないのだ。

現在では、到底信じがたいことであろう。まさに人権の無視だといえる。

たとえば、東京都の11群は、日比谷高校と九段高校と三田高校の3校から構成されていた。このうち進学実績は、いうまでもなく日比谷高校が断トツに高い。だから受験生の過半は、日比谷高校に入学したいと願って11群を受けるわけだ。

にもかかわらず、11群の合格者の大多数を、有無をいわせず、九段高校や三田高校へと振り分けてしまうのである。必死に勉強してきた合格者にとっては、今更ながら不本意な入学であったろうと同情する。

こんな理不尽なシステムが導入されたものだから、当然、受験生の数は減り、都立高校の人気もみるみる下がっていった。まさに、東京都教育委員会のねらいどおりになったのである。

都立高校の凋落

昭和56年（1981）に学校群制度が廃止された後も、かつての都立高校人気は復活することなく、優秀な生徒は、私立高校や国立大学附属の中学・高校へ流れてしまっていた。都立のナンバースクールもこの時期には有名私立高校のすべり止めとなり、第一志望校に受からずに不本意ながら入学してくるケースも多くなり、大学の進学実績も想像できないほどに低下していった。

一例として、日比谷高校を見てみよう。昭和35年（1960）には東大合格者を141名出しており、さらに4年後の昭和39年には191名まで増やし、200名に達するのはもはや時間の問題だった。進学実績でいえば、まさに日本最強の高校だったのだ。ところが、昭和42年、前述の学校群制度が導入されてしまう。

すると、どうなったか。

学校群制度を導入してはじめての卒業生を迎える3年後の昭和45年（1970）、東大合格者は99名と半分に激減してしまったのだ。さらに、驚くべきはそれから5年後の数値であろう。たったの17名（昭和50年）しか東大合格者が出ていないのである。それ以後も数字の落ち込みには歯止めがかからず、昭和55年（1980）には、一桁《ひとけた》の9名となった。

そして平成5年（1993）、日比谷高校の東大合格者は、ついに1名になってしまったのである。

もちろん、東京大学の合格実績がすべてとはいわないが、この状況は戸山高校や西高校なども同様であり、都立のナンバースクールはもはや、進学校だと胸をはっていえない学校になってしまったのだ。

こうした都立の凋落を横目に、灘高校、開成高校、麻布高校、ラ・サール高校、筑波大学附属駒場高校、東京学芸大学附属高校など、私立高校や国立大附属高校が、東大合格生を多数輩出する強豪校へと変貌していった。

ただ、都立高校の凋落は、学校群制度だけが原因ともいえない。都立高校の乱立も災いしたといってよいだろう。都内の中学生がみんな都立高校に入れるようにしようという都立高校全入運動もあり、都立高校の数が急激に増えていったのだ。

昭和35年（1960）の段階で都立高校（全日制）は117校だったが、昭和40年（1965）には141校に増え、昭和50年（1975）には169校、さらに昭和55年（1980）には199校と急増、昭和60年（1985）には208校に達したのである。

このため、中堅以下の都立高校は、あまり勉強しなくても入学できてしまうような状態になり、問題行動を起こす生徒が増え、校内暴力の嵐が吹き荒れたり、中退者が激増していった。都立高校は昔から「自由な校風」が売りだったこともあり、偏差値の低い普通科の教育困難校には、授業が成立しないところも現われはじめた。

このような目もあてられない都立高校の凋落もあって、ついに東京都教育委員会は、本腰を入れて都立高校の抜本的改革に乗り出すことにしたのであろう。

だが、その前提になっていたのは、「今後、少子化の流れのなかで、都内では大幅に子供人口が減る」という誤った見通しであった。この甘い判断のもと、多くの都立高校が統廃合されてしまう。

けれど、予想以上の長期的不況もあり、土地や家の値段が大きく下落したため、東京都内への回帰現象が起こり、逆に子供の数は増えていったのだ。

結果、ここ数年、高校受験に失敗し、都立高校に入れない中学生が増加傾向にある。これは本当に悲劇であり、そういった意味では、このような統廃合計画を立て、途中でそれを修正することなく放置した担当者達は、断罪されてしかるべきだろう。

教育委員会の「都立高校改革推進計画」

いずれにせよ、都立人気の低迷、高校中退者の増加、少子化などに対応すべく、東京都教育委員会は、10年計画で高校の統廃合を進めると同時に、多様な生徒達に対応できる新しいタイプの学校を設置することを「都立高校改革推進計画」で発表した（平成9年）。

そんなニュータイプの代表が、単位制高校と並んで、この本の主題である中高一貫校だったのである。

だが、地方自治体が中高一貫校をつくるという構想は、東京都教育委員会の独創ではなかった。じつは、「都立高校改革推進計画」がプレス発表される3カ月前、文部科学省の中央教育審議会が「21世紀を展望した我が国の教育の在り方について」という第二次答申を出しており、そのなかの一章を割《さ》いて、中高一貫教育の意義を語り、選択的導入を進めるべきだと記しているのである。

東京都教育委員会の中高一貫校への言及は、この中央教育審議会の議論や答申をふまえて出されたものであったと思われる。

では、そもそもいったいどのような経緯で、文科省は公立の中高一貫校をつくろうと動き出したのであろうか。

そのあたりのことについて、これから詳しく述べていこう。

公立中高一貫校は「ゆとり教育」の産物だった

文科省が中高一貫教育への舵《かじ》を取ったきっかけは、すでに私立の中学・高校を中心に広がっていた一貫教育が大きな成果を上げていたことにある。

ただ、最大のねらいは、この制度の導入によって、「『ゆとり』ある学校生活を送ることが可能になる」ということにあった。

意外に思われるかもしれないが、じつは中高一貫校というのは、今では批判の多い、「ゆとり教育」の落とし子なのである。

教育にもっと「ゆとり」を持たせるべきだという考え方は、受験競争の過熱化や知識詰め込み型教育への批判として、日本教職員組合（日教組）などが主張してきたことであった。当時の文部省内でも昭和55年（1980）前後から「ゆとり教育」の方向へ動きはじめ、第二次中曽根康弘内閣のときにつくられた臨時教育審議会（臨教審）において、その流れが確立したとされる。

ただ、世間一般では、「ゆとり教育」の動きがかなり緩やかだったこともあり、当初はあまり意識されず、話題にものぼらなかった。

そんな状況を大きく変えたのが、平成元年（1989）改訂の学習指導要領に明記された学力観であった。

これは俗に「新学力観」と呼ばれている。

簡単にいうと、「これからは知識の詰め込みではなく、体験学習や問題解決学習を重視し、学習の過程や変化への対応力を育てるべきだ」とする考え方だ。これは、主要先進諸国の世界的な教育動向にならうものであった。

さらに、平成4年（1992）からは学校の第2土曜日が休日となり、その3年後には第4土曜日も休みとなり、平成14年、ついに公立の小・中・高校は原則完全週休2日制となった。その結果、必然的に年間の授業時数も減少することになった。

新学力観と授業時数の減少などにより、各教科の内容も簡略化・易化した。教科書自体も薄くなった。また、「教師は指導者ではなく、児童・生徒の支援者である」というスタンスがとられるようになる。

こうした流れに多くの人々が違和感を覚えるようになったころ、日能研（主に小学生を対象とした学習塾大手）が「ウッソー!?　半径×半径×3」と記した広告を大々的に電車に張り出した。

これにより、「今は円周率を『3』と教えればよい」ということを世間が知り、『ゆとり教育」の中身に衝撃を覚えることとなったのである。
「ゆとり教育を主導した文部官僚の寺脇研氏は、盛んにマスコミに出て、「ゆとり教育」のよさをアピールしたが、これに反発する学者や知識人なども多く、国内では賛否両論が起こった。

結局、「ゆとり教育が日本人の学力を低下させているのだ」という危惧《きぐ》が年々大きくなり、論争は「ゆとり教育」否定派が完全に勝利をおさめることになった。

こうした流れを受けて文部科学省も「ゆとり教育」の見直しをはじめる。第一次安倍晋三内閣のとき、「ゆとり教育」からの脱却がはかられ、平成20年（２００８）に公示された学習指導要領案では、教育内容が増加に転じた。

さらに、土曜日授業も復活しだした。今後もこの「脱ゆとり教育」の流れは続いていくことになるだろう。

中央教育審議会が示した中高一貫教育の利点

ともあれ、中高一貫教育がぶち上げられたのは、こうした「ゆとり教育」下における平成9年（１９９７）の中央教育審議会の第二次答申であったことを、私たちはふまえておく必要がある。

この答申では、中高一貫教育の利点として、次の4つが明記された。

・高等学校入学者選抜の影響を受けずに「ゆとり」のある安定的な学校生活が送れること
・6年間の計画的・継続的な教育指導が展開でき効果的な一貫した教育が可能
・6年間にわたり生徒を継続的に把握することにより生徒の個性を伸長したり、優れた才能の発見がよりできること
・中学校1年生から高校3年生までの異年齢集団による活動がおこなえることにより、社会性や豊かな人間性をより育成できること

また中央教育審議会は、「中高一貫教育を導入する学校は、特色ある教育をしっかりと提供していくべきで、これまでの中学や高校とは異なるユニークな教育実践をおこなってほしい」と記している。

さらに、どんな特色を備えた一貫校にするかは、地方公共団体などの設置者が考える問題だとしながらも、具体的に7つの事例を詳しくあげている。タイトルだけ列記すると、

①体験学習を重視する学校

②地域に関する学習を重視する学校
③国際化に対応する教育を重視する学校
④情報化に対応する教育を重視する学校
⑤環境に関する学習を重視する学校
⑥伝統文化等の継承のための教育を重視する学校
⑦じっくり学びたい子どもたちの希望にこたえる学校

の7つである。

①〜⑥は、およそイメージできると思う。

でも⑦の「じっくり学びたい子どもたちの希望にこたえる学校」というのが、いったいどんな学校なのか想像できないだろうし、きっと、興味を覚える方もいると思うので、第二次答申の文章を次に紹介しよう。

「中高一貫校は、ともすれば効率よく学習を進めていくようなイメージを抱かれることがあるが、むしろ、試行錯誤をしながら自分に応じた進度でじっくり学ぶことを希望する子どもたちに対して、その希望にこたえる有効な形態と考えられる。

すなわち、中高一貫校の下では、そうした子どもたちの学習の状況を6年間全体にわたって継続的に把握し、個別のきめ細かな教育計画を立てて子どもたちを指導していくことが期待される。

また、前述した様々な体験活動を6年間にわたって積極的に盛り込むことにより、学びの原動力とも言うべき興味・関心や意欲を引き出していくことも期待できよう。

また、仮に学習面でのつまずきが生じた場合であっても、例えば、中学校段階に生じた学習のつまずきを的確につかみ、教員間の密接な連携の下、6年間の中で基礎・基本を確実に学ばせ、これを克服していくことも考えられよう。6年間の学校生活の［ゆとり］の中で、むやみに問題の解決に焦ることなく、じっくりと腰を据えてそうした子どもたちに向き合っていくことが期待されるのである。

このように、じっくり学ぶことを希望する子どもたちに対する手厚い指導を特色とする中高一貫校もあってよいと考える。」（「21世紀を展望した我が国の教育の在り方について」平成九年六月より）

いかがであろうか。

すでに答申から16年の月日が流れているが、なかなか斬新な教育内容だといえよう。

「じっくり学びたい子供たちの希望にこたえる」中高一貫校は、進学実績を一番に問われてしまう私学には絶対につくれない学校であり、まさに公立だからこそ、設置できる一貫校だといえよう。ただ残念ながら、東京都の中高一貫校には、このような特色を目指した学校は設置されることはなかった。

結論をいえば、文科省は中高一貫という受験のない6年間のゆったりとした教育活動のなかで、子供達の個性や才能を伸ばしていくことを意図していたのである。

また、子供や保護者に、選択の幅を与えるというねらいもあった。これまでは近隣の公立中学校へ通うか、受験して私立や国立大学の附属中学校へ通うかの二択しかなかったが、高校受験のない公立中高一貫校という選択肢を新たにつくり、選択の幅を広げたのである。

公立中高一貫校の3つのタイプ

中高一貫校と聞くと、中学校と高校が合体したもので、6年間ずっと同じ校舎で学んでいく、いわゆる小学校のようなイメージを持つ方も多いだろう。

だが、それは誤った考え方だといえる。

大きく分けて、中高一貫校には3つのタイプがある。

それが「中等教育学校」、「併設型の中学校・高等学校」、「連携型の中学校・高等学校」

である。

ただ、このうち「公立の中高一貫校」と世間やマスコミに認識されているのは、「中等教育学校」と「併設型」の2つであろう。

後に詳しく述べるが、東京都ではあわせて10校の中高一貫校が生まれることになった。中等教育学校タイプは小石川《こいしかわ》、桜修館《おうしゅうかん》、南多摩、立川国際、三鷹《みたか》の5校。併設型は白鷗《はくおう》、両国、富士、大泉、武蔵の5校である。この他、千代田区立の九段高校は中等教育学校タイプである。

それでは、中高一貫校の3つのタイプについてわかりやすく解説していこう。

①中等教育学校

これは、完全に1つの学校として6年間一体的に中高一貫教育をおこなう学校である。前期課程と後期課程に分かれており、前期課程には中学校の基準が準用され、後期課程は高等学校の基準が準用される。

比較的小規模で、ずっと6年間持ち上がりとなり、後期課程（高校段階）から入学者が入ってくることはない。つまり構成メンバーはずっと変わらないのだ。だから気心が知れた仲となり、気兼ねなく伸び伸びと生活できるメリットがあるといえるが、生徒によっては人間関係が固着して息が詰まるだろう。

なお、中等教育学校は、前期課程で後期課程の内容を先取り学習することが法的に可能になっている。私立の中高一貫校などでは、高校2年生、場合によっては高校1年生の段階で、中高すべての教育内容を習得させてしまい、残りの1年、あるいは2年を大学受験のための演習にあてる学校もあると聞く。

私の子供は二人とも私立の中高一貫校に通っているが、一人は中学校1年生のとき、副教材として高校日本史の教科書を配布され、かなり高度な学習をしていた。おそらく、「お受験」を考えている保護者は、まさにここに、大きな魅力を感じ、我が子を入学させたいと思っているのではなかろうか。

②併設型

これは、高等学校に附属の中学校が併設されているタイプである。附属中学校から高等学校へは入学者選抜をおこなわずに入ることができる。ただし、同時に高等学校段階で、外部の中学校からも受験選抜により生徒を入学させている。

たとえば私が勤務していた都立白鷗高校では、附属中学校に在籍している生徒は受験せずにそのまま白鷗高校に入学できる。同時に、新たに2クラス分（80名程度）を外部の中学校から募集している。

ちなみに白鷗高校では、附属中学校からそのまま上がってきた生徒を中入生、高校段階から新たに入学した生徒を高入生と呼んでいる。

併設型の問題は、学習進度の格差だ。

併設型も先取り学習ができるので、中入生と公立などから入学してくる高入生とでは、学習進度がかなり違うのである。だから、彼らをすぐに一緒のクラスで学習させるのは難しい。中入生にあわせたら、高入生には難しすぎる。高入生にあわせたら、中入生は一度やったことをもう一度繰り返さなくてはならない。そこで白鷗高校では、高校1年生のときには中入生と高入生のクラスは別にしている。

また、英語や数学など先取り学習を全面的に取り入れてきた教科については、高校2年生以後も、中入生と高入生を別にした展開授業をおこなっている。

③連携型

市区町村立の中学校と都道府県立の高等学校が、教育課程の編成や教員・生徒間の交流などの連携を深めるかたちで中高一貫教育をおこなうタイプをいう。

併設型よりずっと緩やかなつながりで、必ずしも中学校の生徒が提携している高校へ上がる必要はない。ただし、提携している高校へ行きたいときには、「調査書及び学力検査の成績以外の資料」で入学することのできる特典がある。ただ、学校が離れているということがネックになっており、中学校と高校のつながりも強固でないので、一貫校という感じはあまりしない。

政府は当初、こうした3つのパターンの中高一貫校を500校程度整備することを目標にかかげた。これは、生徒が通える範囲に少なくとも1校の中高一貫校が存在すると想定して立てたものである。それにしても500校とはすごい数だが、予定どおり、中高一貫校は増えているのだろうか。

じつは、順調に増加し続けているのだ。

平成24年度（2012）の段階で、すでに441校となっている。あと少しで目標の5

00校だ。

その内訳を見てみよう。中等教育学校は49校。意外に少ない。併設型は309校、そして連携型が83校となっている。

ただ、意外なことに、このうち半数以上は私学が設置しているのだ。

平成22年度（2010）の状況を見ると、私立221校、国立大学付属5校、そして公立は176校となっていて、私立の中高一貫校が一番数が多い。

中高一貫校の設置が可能になったというと、公立ばかりに意識がいくが、これまで一貫校的な教育を展開してきた私学にも一貫校制度が適用され、正式に一貫校に生まれ変わっているのである。

都立中高一貫校設置への動き

では、そもそも都立の中高一貫校は、いかなる経緯でつくられるようになったのか。

当初、東京都教育委員会は、どのような中高一貫校を理想とし、いかなる生徒を集め、どんなふうに育てようとしていたのか。

本節では、そうした都立中高一貫校の誕生物語を述べていこうと思う。

平成10年（1998）に学校教育法などの改正がおこなわれ、平成11年から設置者の判断によって中高一貫校を導入することが可能になった。

それから6年後の平成17年に、都立初の中高一貫校である白鷗高等学校・附属中学校が開校する。そして、続けざまにあわせて10校の都立中高一貫校が誕生していくわけだ。ただこの動きは、他の自治体に比べて決して早いものとはいえなかった。

公立の中高一貫校が設置できるようになった平成11年、さっそく宮崎県立五ヶ瀬中等教育学校、岡山市立岡山後楽館中学校・高等学校などが中高一貫校として誕生している。

それ以後、各県・市町村では、次々と公立の中高一貫校をつくっていった。

平成15年度（2003）には、全国ですでに公立の中等教育学校は4校、併設型が22校、連携型が54校。あわせて80校にのぼっている。都立初の白鷗高校が開校する2年も前のことである。

平成11年4月になってようやく東京都教育委員会は、「中高一貫教育検討委員会報告書」を出し、都立の中高一貫教育学校の構想をまとめ、同年10月の「都立高校改革推進計画・第二次計画」において、はじめて中等教育学校2校をパイロットスクールとして設置することを発表した。他県にくらべると、なんとものんびりとした動きであった。

私の調査不足で、このあたりの内部事情はつまびらかではないが、教育委員会、あるいは都議会などで、なんらかの反対や逡巡《しゅんじゅん》があったのかもしれない。東京都では私立の中高一貫校が乱立している状況もあり、必要性をそれほど感じていなかった可能性もある。

なお、東京都に公費で中高一貫校をつくる意義について、東京都教育委員会は、次の3点をあげている。

・高校受験の影響を受けることなく、ゆとりある安定的な学校生活を送ることができること
・6年間を見通して、計画的・継続的な学習指導、進路指導・生活指導等を展開することができること
・異年齢集団による活動を通して、社会性や人間性を育てる教育の一層の充実を図ることができること

（『中高一貫教育校の整備に関する検討委員会 報告書』東京都教育委員会　平成14年4月）

見てわかるとおり、文科省の基本的趣旨とほとんど変わっていない。悪くいえば、完全

な受け売りだといえる。やはり東京都教育委員会も、受験競争のない6年間のゆとりのなかで、子供達を計画的にじっくり育て、その能力を引き出していく学校を想定していたのであろうか。

都立高校についての都民の意識調査

平成13年（2001）、東京都教育委員会は、都立高校について都民に意識調査を実施した。対象は、都内在住の小学生から60歳まで5000名。そのうち3337件の回答を得ているが、そんな意識調査の質問項目のなかに、中高一貫校を設置する必要性を問うものがあった。

まず必要な中高一貫校の数について尋ねたところ、「10校以上必要」と答えた人がなんと56・2％にのぼり、「全体で2校」（3・3％）、「必要ない」（12・3％）を大きく上回った。おそらくこの調査結果をふまえて、東京都教育委員会は本格的に中高一貫校の設立に乗り出すこととし、10校の設置を決定したのだろう。

では、当時の都民は、都立中高一貫校に、どのような期待を持っていたのだろうか。

私はこの調査結果を知って、非常に意外に思った。

おそらく現在の都民の一貫校人気を考えれば、「(大学) 進学に必要な学力を習得させる」の項目が断トツになるのは間違いなかろう。

ところが第一位は、「幅広く教養を身につけさせる」というものであった。54%の都民が、都立中高一貫校では教養を身につける教育を展開してほしいと願っていたのである。ちなみに、進学力を望むという声は31・9%であった。その他福祉教育、外国語、専門技術、特定な才能の早期開花などが中高一貫校に期待されていたことが、調査結果からわかる。

もっと面白いのは、「公立の中高一貫校なんて必要ない」と答えた人達に対しての「不必要な理由」を尋ねた項目である。

きっと、現在であれば、「エリート校になる危惧」を答える人が多いと思うのだが、それを選んだ人々はたった13・3%しかいないのだ。一番多かったのは、「小学校卒業段階での進路選択は困難」(42・2%)だというものであった。なるほど、わかる気がする。

さらに興味深いのは「学習意欲や学力が低下する」ので、一貫校に反対だと答えた人が38・8%もいたことだ。

どうして中高一貫校に通うと学力が低下すると考えるのか。

そのあたりの理由を詳しく知りたかったのだが、残念ながら、この報告書には詳細な分析結果が記載されていない。

それにしても、わずか12年前の調査なのに、都民の多くが都立中高一貫校が超進学校化するとは思わず、広い教養を身につけることを強く期待し、あるいは、そこに入ることで学力が低下すると心配していたのである。

ともあれ、こうした調査結果を受け、東京都教育委員会は「中高一貫教育校の整備に関する検討委員会」を平成13年（2001）10月に設置した。

この検討委員会は、東京都教育委員会（教育庁）の次長・押切重洋氏を委員長として、教育庁関係者10名程度、区市町村の教育長ら8名、学校関係者3名で構成されている。以後、彼らが中心になって東京都における中高一貫校の中身の検討がなされたのである。メンバーには千代田区教育長の若林尚夫氏も含まれている。周知のように千代田区は、後に東京都から九段高校を譲り受け、区立の九段中等教育学校を設置していくことになる。

翌平成14年（2002）4月、検討委員会の報告書が出され、都立中高一貫校の大枠がはじめて明らかになった。

教養教育と特色化が中高一貫校の柱

「中高一貫教育校の整備に関する検討委員会」は、東京都における中高一貫校設置の必要性をふまえて、一貫校に次のようなねらいを定めた。

「中高一貫教育の中で、教養教育を行い、子どもの総合的な学力を培《つちか》うとともに、個の確立を図り、個性と創造力を伸ばす。また、使命感・倫理観、社会貢献の心、日本人としてのアイデンティティなど社会的な役割についての認識を深め、国際社会に生き、将来の日本を担う人間として求められる資質を育てる。このような中高一貫教育を行う中で、社会の様々な場面、分野において人々の信頼を得てリーダーとなり得る人材を育成する」（『中高一貫教育校の整備に関する検討委員会 報告書』東京都教育委員会 平成14年4月）

「使命感」、「倫理観」、「社会貢献」、「日本人としてのアイデンティティ」、「日本を担うリーダー」などなど、なんともご立派で美しい言葉がずらりと並んでいる。

もし本当にそれが実現したら、都立中高一貫校からは、歴史でいうところのスゴイ偉人がごろごろと出てきそうだ。

ただ、冒頭に出てくる「教養教育」というやつが、どうにもよくわからない。いったいどんな教育なのだろうか、そう思って、さっそく辞書で調べてみた。

ところが、『広辞苑』（岩波書店）、『日本国語大辞典』（小学館）、『新明解国語辞典』（三省堂）にも、そんな語句は全く出てこないのだ。インターネットのさまざまな辞書にも載っていないではないか。

つまり、「教養教育」なる言葉は、そもそも国語の世界に存在していないようなのだ。おそらく、この報告書の関係者が勝手に美辞麗句の一つとしてつくったに違いない。そう思いながらさらにいろいろとネットをいじっていたら、なんと、出てきたのである、教養教育なる語句が……。しかも、それは文部科学省のホームページからであった。

「中高一貫教育校の整備に関する検討委員会」が、一貫校のねらいを報告書に明記する2カ月前に、文科省の中央教育審議会が『新しい時代における教養教育の在り方について』という答申を出していることがわかったのだ。しかもものすごい長文だ。

なお、これより2年近く前の平成12年（2000）5月29日にも、中央教育審議会は、文部大臣から『新しい時代における教養教育の在り方について』の諮問《しもん》を受けており、同年12月にも審議をまとめたものを公表していた。

いずれにせよ、「教養教育」なる言葉は、どうやら文科省が大々的に使いはじめた造語らしいのである。

「教養教育」とはいったいなんなのか?

では、中央教育審議会のいう「教養教育」とは、いったいどんな教育なのか。

『新しい時代における教養教育の在り方について』（答申）の「はじめに」に、まずは「教養」というものについての定義が記されていた。それが以下である。

「かつては、教養について『知識人としての教養の脈絡あるリスト』とでもいうべきものがあった。それは例えば、学問の体系の基礎を成す哲学や思想、科学、文学や芸術の古典をはじめ、教養として広く認められた書物のリストであった。また、書物による知識のみならず、人格陶冶《とうや》のための様々な修養を含むものでもあった。

しかしながら、哲学を諸学の基礎とするような学問の体系性が失われ、学問の専門化、細分化が進む中で、教養についての共通理解というべきものが失われてきた。

また我々は、教養の一部としての修養を忘れ始めている。

社会全体の価値観の多様化、体系的な知識よりも断片的な情報が偏重されがちな情報化社会の性格、効率を優先して精神の豊かさを軽視する風潮の広がりなどがこの傾向に拍車をかけたと考えられる」

格調高い、しかもなかなか納得させられる文章である。

このように、中央教育審議会は、かつて存在した「教養」なるものが失われつつあると、今の世のなかを嘆いているわけだ。

そのうえで、「今後の新しい時代に求められる教養とは何か、また、それをどのようにして培っていくのか」という観点からさまざまな審議をおこない、本答申を提言したのだという。

その本文のなかで、中央教育審議会は「新しい教養」として5つの要素をあげている。それらを全部ここで取り上げると長くなってしまうので割愛するが、要するに「新しい時代に求められる教養の全体像は、変化の激しい社会にあって、地球規模の視野、歴史的な視点、多元的な視点で物事を考え、未知の事態や新しい状況に的確に対応していく力として総括することができる。こうした教養を獲得する過程やその結果として、品性や品格といった言葉で表現される徳性も身に付いていくものと考える」ということだそうだ。

そうした「新しい教養」をどのように培っていくのかについて、中央教育審議会は、幼少期、青年期、そして成人後などそれぞれの時期、さらに家庭や学校など各場面における具体的な例や方策を詳しく答申に記している。

じつは、この中央教育審議会の『新しい時代における教養教育の在り方について』という答申が、モロに東京都の「中高一貫教育校の整備に関する検討委員会」の中高一貫校のねらい、そしてねらいの最重要項目にあげた「教養教育」に反映されていることがわかった。まあ、パクリというより、当時の流行だったのであろう。

いずれにせよ、現在ではほとんど語られることがなくなった文科省の進めた『教養教育』、じつはそれが、都立中高一貫校の基本的な教育理念となっていたわけだ。

教養教育を前提とした中高一貫校の「特色」

それでは、「中高一貫教育校の整備に関する検討委員会」が目指す教養教育について、平成14年4月の報告書からその中身をじっくり見ていこう。

検討委員会の報告書は、「社会全体に目的喪失感や閉塞感が漂い、学ぶことの日的意識が見失われる時代にあって、自らの置かれている状況を見極め、今後進むべき目標を考え、目標実現のために主体的に行動する力（教養）を持たなければならず、このような教養を身に付けるための教育を行う必要がある」と教養教育をおこなう必要性を述べている。

では、いったいどんな教育をおこなうのか。それについては、次の2点を具体例としてあげている。

① 社会とのかかわりを大切にし、インターンシップや長期の団体・集団活動、社会奉仕活動等の様々な体験活動等を通して人間としての在り方生き方の指導を充実させる。

② 普通科目及び専門科目を含め多様な科目を設置するなど、個性や創造性の伸長、使命感の育成等を図る教育課程を編成する。具体的には、例えば、次のような学校設定科目等を設定し、6年間を通した教育の推進を明確にする。

A 世界の中の日本人としてのアイデンティティを確立するための「日本と国際社会」

B 科学技術が社会に及ぼす影響に関する理解を深めるための「科学技術と社会」

C 社会貢献を行うために求められる判断力、行動力、洞察力などを育てる「社会貢献論」

都立の中高一貫校では、こうした教養教育を重視しながら、同時にそれぞれの学校の「特色化」をはかっていくとし、これについても、次の3例をあげている。

① 思想、哲学、政治、経済、歴史等の学びを通して自らの考えを確立し、日本の政治、

経済、司法、医療、福祉等のそれぞれの分野において在るべき姿や今後取り得る方向性について明確な進路を示し得る人間や人類に貢献し得る人間の育成を目指す教育

② 外国語によるコミュニケーション能力を有し、我が国の文化・伝統等を理解するとともに、世界の多様な文化を理解し尊重する姿勢を持ち、世界を舞台に活躍し得る人材の育成を目指す教育

③ 自然科学への理解や科学技術に関する幅広い基礎的な能力を身に付け、将来、研究者、技術者として我が国の科学技術水準の向上に寄与し得る人材の育成を目指す教育などを重点的に行う学校（又はその一部のクラス）を設置する

読んでもらえばわかるとおり、かなり総花的すぎるきらいがある。

とくに奇妙なのが①であろう。②は理解できる。要するに英語を重視した国際教育をおこなうということだ。③も自然科学分野へ進む人のために理数系重視の特色を出すということだろう。けれど①は、なんだかごちゃ混ぜでそれこそ何が特色かわからない。「特色化を図っていく」としながら、何が特色かわからない例を出すのは、いかがなものであろうか。いずれにしても、東京都教育委員会がつくる中高一貫校は、「教養教育」をおこな

う「特色」のある学校と、その性格が規定されたのである。

入学時に、学力検査をおこなわない?

東京都教育委員会に設置された「中高一貫教育校の整備に関する検討委員会」は、学校の規模として、中等教育学校については1学年4クラス・学校全体で24クラスを基本にすることと決めた。これは、通常の中学校としては大きめだが、高校としては小さな規模だといえる。なお、併設型については中学校を3、4クラス、高校は5、6クラスとすることを基本にした。

ちなみに最初の都立中高一貫校である併設型の白鷗高校は、中学校4クラス、高校は6クラスに決定した。それまで白鷗高校は各学年7クラスあったが、中高一貫校への改編にともなって1クラス減少となったのである。

中高一貫校への入学者の決定については、学校教育法施行規則の規定により、学力検査をおこなってはいけないと決められている。

そこで先の検討委員会では、入学者については「面接、小学校長の推薦、作文、調査書、抽選等を適切に組み合わせて行」い、「子どもの適性等をより的確に把握するため、実技や技能検査等の実施を検討する」ことに決定した。

「中高一貫校が学力検査をおこなわないなんてウソだ。高倍率な入学試験があるではないか。それとも当初は、受験なしで入れる計画だったのか」

そんなふうに驚く方もいるかもしれない。でも、じつは今でも都立の中高一貫校は、学力試験はおこなっていないのだ。

これを聞いて狐《きつね》につままれたように思われる方もいると思うので、後に一節を割いて、都立中高一貫校の入学者選抜システムについては詳しく説明することにしたい。

さらに、「中高一貫教育校の整備に関する検討委員会」の計画では、「併設型中高一貫教育校においては、高等学校入学に際し、併設型中学校からの進学者以外の者を対象とした一般入試を行い、通常の学力検査等による入学者選抜を実施する。この場合、学力検査問題については、自校作成を基本とする」と決めた。

後にこのしばりが、白鷗高校の教職員の多忙化に拍車をかけることになる。それも別項で話す。

第2章 都立中高一貫校の誕生

はじめての中高一貫校・白鷗高校

さあ、いよいよ、具体的に都立の中高一貫教育校をつくる時期がやってきた。

最初に都立の中高一貫校に変貌をとげたのは、戦前は東京府立第一高等女学校として浅草と上野の間に100年以上も学校として存在し続けてきた白鷗高校であった。

ずっと女子校だったこともあって生活指導もしっかりしており、「辞書は友達、予習は命」という至言が生まれるほど、まじめに勉強する礼儀正しい生徒達が集まる学校として地元では有名であった。

すぐ近くにある上野高校が第二東京市立中学校（男子校）の後身で、バンカラかたぎで自由な校風を持っているのとはかなり対照的である。

白鷗はまた、一時は都立高校で十指に入るほどの進学実績を誇った学校でもあった。たとえば昭和46年、47年には7名の東大合格者、昭和48年には8名の東大合格者が出ている。すでに都立高校が凋落しているときである。早稲田、慶応、上智など私立大学の超難関校にも延べで80〜90名以上の合格者を出していた。

学校群制度を廃止したあとも、東京都教育委員会は、都立高校の学区を14区に分け、中学生は自分が住む学区の都立高校しか受験できないしばりを受けていた。白鷗高校は５学区の高校だったが、学区内での進学実績は断トツであった。

ところが、平成に入るころになると、進学実績はじりじりと下がりはじめ、東大合格者は出ても毎年１名か２名、場合によっては皆無の年度もあるという悲惨な状況になってしまった。

その理由は、ある意味、非常に明快であった。

中学生に人気がないのである。都立有数の進学校であるにもかかわらず、入学希望者が驚くほど少ないのだ。いつも一般入試が低倍率で、希望する生徒はほとんど合格してしまうという状態が続くようになったのである。

そうなれば、学力の低い生徒のなかにも「この学校なら自分も合格できるかもしれない」と考え、受験する者も出てくるだろう。おそらく、以前の白鷗高校なら、決して入学できなかった学力層の子供達が相当数、平成になると入学できるようになってきていたのではなかろうか。

努力万能主義という幻想

「学力の低い生徒」とか「決して入学できなかった学力層」という言葉を聞いて、不愉快に思われる読者がいらっしゃるかと思う。また、入学当初はどんなに学力が低くても、まじめにコツコツ努力さえすれば勉強ができるようになり、必ずや有名大学に入れるのだと信じている方もいらっしゃるだろう。そして、「そう導いてやることが、教師の役目ではないのか」と憤りを覚える方もおられることと思う。

だが、それを承知であえていわせていただくが、そんなものは全くの幻想である。稀《まれ》にそういう生徒もいることはいる。だが、25年間教育現場で生徒と向きあってきた私は、努力万能主義は大きな誤りであるとはっきりいい切ることができる。

私は、はじめから白鷗高校という進学校にいたわけではない。

最初の赴任先は、知的障害を持つ生徒が通う養護学校（現在は特別支援学校と呼んでいる）であった。続いて着任したのは定時制高校。多くの生徒は全日制を希望しながら入学できず、仕方なく定時制に来ていた。全日制から成績不良や素行不良など、さまざまな理由でドロップアウトして、転入してくる生徒も多かった。その次の赴任校は、大学進学者がほとんどいない全日制の学校であった。

もともと私は、TBSテレビの『3年B組金八先生』というドラマに大きな影響を受けて、教師になろうと思った人間である。

周知のように、金八先生は、どんな生徒も最後まで見捨てない熱血教師であった。そんな生きざまに憧れたのである。ただ、今思えばドラマにありがちだが、悪かった生徒達は金八先生の熱意が通じて必ず最後は立ち直っていった。

それがあくまでドラマの世界だということを、私は教師になって改めて思い知らされることになった。それについては、後ほどまた詳しく言及することにしよう。

いずれにせよ、ある程度環境や健康に恵まれ、暗記力や理解力に優れていないと、有名大学に合格するのはかなり難しいのである。そもそも、じっと長い間、集中して机に座り続けていること自体、じつは大きな才能なのだ。

ただ、一つだけつけ加えておきたい。

学力が高いことや有名大学に入ることが善であり、幸せではないということだ。

「そんなあたり前のことを今更いうな」とお叱りを受けるかもしれない。が、24年間の都立高校時代に、私は6回クラス担任（あわせて18年間）をしてきたが、三者面談や保護者会のたびに、今もそう信じている保護者が少なからず存在していることをこの目で見てきた。

とくに、近年はその傾向がむしろ強くなっている。ちょうど高校の保護者は、私と同じバブル世代にあたるからかもしれない。

当時は「三高」が、若い女性の憧れの的とされた。「高学歴」、「高収入」、「高身長」の男だ。高身長は無理かもしれないが、高学歴と高収入を目指したバブル組も多いはず。ともあれ、「有名大学→大企業→幸せ」というベクトルを信じ切っている保護者は、じつは現在も意外に多いのである。少しでも偏差値の高い大学、少しでも名が知られている大学、そこへの入学を目指して子供に無理をさせている保護者をどれほど多く目にしたことだろうか。

運動能力に長《た》けている子は、運動の分野で活躍すればよいし、手先が器用ならばモノをつくる仕事で一流になることができるはず。

そういった意味では、まさに自分の適性にあった将来を選ぶことが重要であり、その適性を見つけてやるのが保護者の役割であり、教師の仕事なのだと私は今も思っている。

かつては入試倍率が低かった白鷗高校

そうはいっても、白鷗高校は昔からの伝統校であり、進学校だったから、地域の方々や保護者に期待されているのは、あくまで大学進学実績の維持だった。

そういった意味では、入試の低倍率というのは、まさに致命的といえた。

そこで白鷗高校では、起死回生の打開策をうった。

それが、平成4年（1992）から導入したコース制であった。高校1年生の入学段階から完全に理系（理科）と文系（文科）コースに分けて入学させるというシステムを導入したのである。理系の子は3年間で普通科全日制の生徒よりずっと多く理系科目を学ぶ。文系も同様である。それによって進学実績の向上をねらったのである。

またコース制だと、学区を越えて全都から推薦入試（入学試験を課さず、面接や調査書、作文などで合格を決める形式の試験）を受ける生徒を募集できることになっていた。これは大きなメリットであった。なぜなら推薦入試は、一般入試より1カ月近く早く合格が決まるからだ。

できるだけ早く高校に合格してしまいたいと願っている優秀な生徒が、全都から集まってくることが期待できるのだ。実際、推薦入試の倍率は高かった。それに驚くほど内申成績の高い生徒が受験してくれた。

でも推薦入試で受け入れることができる人数は、入学者定員全体のたった4割に過ぎない。翌年からは5割に増えたものの、一般入試の倍率がこの推薦入試倍率の高さに連動して高くなるということはなく、相変わらずそちらは低倍率という状況が続いてしまっていた。さらに悪いことに、平成7年度（1995）入試からは、全都立高校が定員の2割まで推薦入試で入学者をとることが可能になってしまい、結果として、白鷗高校の推薦入試の倍率も下がってしまったのである。

白鷗高校の『創立百二十周年記念誌』には、その時期の生徒の様子が次のように記されている。「平成12年度も、前年末に発表された中学3年生の進路希望調査結果からして文科コースが0・7倍を切るという状況で2次募集を経てようやく新入生を迎えることができた。生徒の気質にはおおむね変化はないものの、文科・理科ともにトップ層が薄くなったというのが学年団の実感であった。事実この学年が卒業するにあたり、現役進学率（文科で8割強）や国公立合格者数（現浪併せて50名強）はまずまずであったが、東大合格者は出ず、わずかに東工大（現役）・京大と秋田大医学部（共に一浪）の合格者がいたに過ぎなかった」という進学実績の落ち込みを見せたのである。

また、コース制になった白鷗高校に入るためには、中学校3年生の時点で、すでに文系か理系かを選択しなくてはならない。そうしたことも、低倍率に拍車をかけたと思われる。

このように苦境に立った白鷗高校に、内々で田中晋一郎校長のもとに東京都教育委員会から中高一貫校への改編の打診があったのは、「中高一貫教育校の整備に関する検討委員会」の「報告書」（平成14年4月）が出された直後であったという。

田中校長の回想によれば、この打診を受けて平成14年5月からの教職員との面接のなかで、田中は白鷗が中高一貫校へ変わることに対する検討を求めたという。すると、「教職員には賛成者が多く、鷗友会（同窓会）も大賛成」（『創立百二十周年記念誌』）だった。これを受けて平成14年6月、田中校長は中高一貫校への改編を受けることを決断したのである。

翌平成15年（2003）4月、田中にかわって今成昭氏が白鷗高校の校長として着任、同時に校内の1階に「台東地区中高一貫6年制学校開設準備室」が設置され、準備担当校長を今成氏が兼任、担当準備教頭1名、準備担当主幹3名が着任した。この開設準備室のメンバーが中心となって、次に述べる「台東地区中高一貫6年制学校基本計画」に基づき、都立初の中高一貫校のアウトラインをつくっていくことになったのである。

台東地区中高一貫6年制学校の基本計画

東京都教育委員会は平成14年12月に「台東地区中高一貫6年制学校基本計画検討委員会」を設置し、その下に「台東地区中高一貫6年制学校基本計画検討委員会専門部会」を置いた。

あまりに長ったらしい名称なので、これからは「台東地区中高一貫6年制学校基本計画検討委員会」を「台東中高一貫検討委員会」、「台東地区中高一貫6年制学校基本計画検討委員会専門部会」を「中高一貫専門部会」と略させていただこう。

この「台東中高一貫検討委員会」の委員長には、東京都教育庁学務部長の比留間英人氏が就任した。現在は、教育庁のトップである教育長になっておられる。

そんな比留間氏を含む教育庁関係者に加え、学識経験者の工藤文三氏（国立教育政策研究所教育課程研究センター基礎研究部統括研究官）、台東区教育委員会の教育長、学校関係者も加わり、わずかな出入りがあったものの、会はおよそ10名程度で構成されている。学校関係者には、当時の白鷗高校の校長・田中晋一郎氏も入っている。田中校長の退職後は、今成昭新校長が引き継いだ。

設置期間は翌年6月まで、つまり半年の期間限定の検討委員会であった。

こうして生まれた「台東中高一貫検討委員会」と「中高一貫専門部会」は、平成14年12月17日を初回として9回にわたって合同会議を開き、新しく一貫校に生まれ変わる白鷗高校の教育理念、教育課程、教育内容の特色、教科指導の展開、施設整備などについて話し合い、その基本構想を報告書として平成15年9月に公刊した。

この報告書から、当初、「台東中高一貫検討委員会」と「中高一貫専門部会」が白鷗高校を母体として、どのような中高一貫校をつくりあげようと考えていたのかという、おおまかな構想を見て取ることができる。

報告書によれば、新たにつくる中高一貫校の教育理念として、ゆとりある教育活動のなかで、高い知性と豊かな教養を身につけさせ、あらゆる場面や分野でリーダーとなって国際社会で活躍できる人間を育成することをかかげた。また、この理念を実現するうえで、具体的にどのような教育課程を編成すべきかについても議論がなされ、その基本方針が立てられた。

それが、

①豊かな教養を涵養《かんよう》する教育の展開
②6年間一貫した教育課程の編成

③豊かな人間性と高い志の涵養
④日本文化・異文化理解とコミュニケーション能力の育成
⑤進路希望の実現
⑥学習を充実させるための指導方法・形態等の工夫
の6つであった。

報告書では、この各項目について細かい説明や具体例が掲載されているが、それを私なりに以下にまとめてみた。

「教科学習に力を入れ、積極的に発展的な学習を展開していく。体験学習や問題解決学習を積極的に取り入れる。道徳やホームルーム活動などを中高合同ですすめる。6年一貫の部活動など、学年を超えた活動や行事をおこなう。日本の伝統・文化に理解を深め、それを継承・発展させる態度を身につけさせる。計画的・継続的な進路指導の体制を確立する。2学期制や45分7時間授業の導入によって、授業時数をしっかり確保する。1～3年生については、授業のない7時間目を自主的に学習できる「白鷗タイム」とし、読書や小テストなどの時間にあてる。土曜日や長期休業中などに、積極的に補習・講習を実施していく」

こうして見てくると、これまで進学校として白鷗高校がやってきたことと大差がない。また、２学期制や45分７時間授業は、週休二日制で授業時数が大きく減るなかで、当時都立高校で流行しはじめた形態であった。

また「白鷗タイム」といった自学自習時間についても、ある意味、白鷗の伝統を継いだものといえる。もともと白鷗高校の生徒は、朝早く登校して二階の談話室で自学自習している生徒が多かったのだ。おおよそ30席あるのだが、毎朝ほとんど満席状態であった。

ただ、「白鷗タイム」は、１９９０年代に盛んになった朝読書運動の影響なのかもしれない。２００１年には文科省も「21世紀教育新生プラン」の三つの柱の一つとしたほどで、当時の流行りだったからだ。

いずれにせよ、「白鷗タイム」は、今でも実施されている。中学生達はこの時間になると、自分たちで用意してきた課題などをそそくさと持ち出して、勝手に自学自習をはじめる。これは、見ていてなかなか気持ちのよいものである。その姿を見ていると、「やはりこの子達はたいしたものだな」と感心する。ただ、基本計画の時点で、すでに「白鷗タイム」という名称まで存在していたとは驚きである。

なお、２学期45分７時間制は、開始したものの翌年には廃止されてしまった。というのは、土曜日に授業ができることになったからだ。ゆとり教育からの転換によって、高校では隔週で土曜日授業が特例として認められるようになり、中学生についても、確か私の記憶では、完全週休二日制であったものの、学校公開というかたちをとって土曜日に授業をおこなっていたと思う。

いずれにせよ、基本構想の段階から都立初の中高一貫校は、母体の白鷗高校と同様、多くの授業や補習・自習時間を確保し、進学校化しようとする意図があったことがわかるだろう。

特別科目の「社会と私」と「PIE」

ところで、覚えていらっしゃるだろうか。中高一貫校をつくるさいの文科省のしばりのことを。

文科省は、中高一貫校には必ず「特色」を持たせよと指示していた。かつ、それは各設置者の判断に任せるといいながら、けっこう凝った具体案まで提示していた。

このため、都立の台東地区中高一貫6年制学校においても、その「特色」なるものが重要になった。

では、新しい白鷗高校にはいかなる特色を持たせるのか。

「台東中高一貫検討委員会」と「中高一貫専門部会」が決めた「特色ある教育活動」は、次のようなものであった。

①質の高い授業と高い志を育成する指導
②日本文化理解のための指導
③英語力強化のための指導
④様々な体験的行事と規範意識を高め自律心を養う生活指導
⑤地域に学ぶ様々な活動
⑥進路に関する様々な活動

「①の質の高い授業と高い志を育成する指導」については、これを実現するため、教師が質の高い授業をおこなう努力を払い、生徒には予習・復習を励行させることとした。ただ、これは白鷗の伝統を継いだに過ぎない。

なお、高い志の育成を実現するために、鳴り物入りで導入することになったのが、「社会と私」という学校が特別に設定した科目であった。

中学校1年生から3年生まで、毎週一時間、白鷗高等学校附属中学校の生徒全員がこの「社会と私」なる科目を学ぶのである。

いったいどんな教科なのか、きっとみなさんも興味があると思う。そこで簡単に解説しておこう。

そのねらいは、次のとおりである。

「地域社会、我が国そして世界と自己の関わりについて、社会的事象、自然現象、文化・芸術など多面的・多角的に学ぶことにより、21世紀の国際社会を生きる日本人としてのアイデンティティをはぐくむ。また、現代社会における課題を主体的に認識しようとする態度や、その解決に向け進んで社会参加することのできる人材を育成する」

これだけではよくわからないと思うが、中学校1年生では年間テーマを「地域と私」としている。具体的には、自分が住む地域や学校の周辺地域、さらには東京都について、その現状や課題を学んだり、そうした地域と自分や家族がどのようにかかわっているかを学習するというものである。

じっさいには、生徒達が個人やグループで地域の調査や研究をおこない、それを発表し、互いに意見交換をおこなうことで、視野を広げさせようとしたのである。

中学2年生では、年間のテーマが「日本と私」となる。さらに学ぶ範囲が広がるのである。そして3年生になると、今度は「世界と私」となっていくわけだ。

このように、3年間における「社会と私」の学習を通して、現代の世界における日本の役割、世界と自分自身とのかかわりについて考えを深め、国際社会にどのように参加、貢献できるかを考察させようとしたのである。

この「社会と私」という科目では、社会、理科、音楽、美術、技術、家庭、英語の学習内容との関連をはかることとされた。

なんともすばらしい科目ではないか。

でも、誰がいったい、こんなすばらしい科目を教えるのだろう。

あなたがもし白鷗高校附属中学校の教師なら、正直やってみたいと思いますか。

「はい」と答える人は、まずいないでしょう。

だって、メチャクチャ大変なのですから。教科書なんてありません。授業の具体例もどこにも記されていない。それはそうです。誰も教えたことがない教科なのですから。そんなわけで、この授業を受け持つとなると、すべて一から教材や指導案をつくり上げなくてはならないのである。もちろん、学校全体で、あるいは複数で指導計画案などをつくり上げることも可能だろう。しかし現実問題として、そのような時間的余裕などない。

結局は、「社会と私」を担当することになってしまった個人が、すべての負担を背負うことになるわけだ。おそらく、「台東中高一貫検討委員会」と「中高一貫専門部会」は、そこまで考えていなかっただろう。

ちなみに、当初の計画によれば、「社会と私」はさまざまな教科と関連があるのだから、どの教科の教員が教えても構わないわけである。

にもかかわらず、どこで誰が決定したのかわからないが、私が赴任したときにはすでに、「社会と私」は社会科の教員が教えることになっていた。

名称が「社会と私」だからそうなったのか、内容が一番社会科に近いと思われたのか、そのあたりの決定の経緯はつまびらかではないが、社会科の教員にとってこれは、喜びというより大きな負担であった。そして初年度、この教科を請け負った先生達が、大変な苦労をされながら授業を展開されていたことを今もよく覚えている。

結局、この「社会と私」は3、4年間続いたが、白鷗高等学校附属中学校の教育課程から消滅することになってしまった。今はその一部が総合的学習などに引き継がれているが、やはり、計画段階で無理があったのだと思う。理想と現実は違うのである。

次に「②日本文化理解のための指導」であるが、これを実現させるため、日本文化概論という科目が創設されることになった。中学校段階での特色の柱が「社会と私」だとすれば、日本文化概論は、高校段階での特色の柱といえるものである。これについては、私が深くかかわったので、後ほど詳しく述べたいと思う。

続いて三点目だ。これも他の学校には、あまりないものである。

「③英語力強化のための指導」として、英語での表現力を身につけるために「プレゼンテーション」と「プレゼンテーション・イン・イングリッシュ（ＰＩＥ）」が導入されることになったのである。

これは現在も、消滅していない。「プレゼンテーション」は中学1年生と2年生でそれぞれ週1時間（35時間）の授業がおこなわれている。さらに5年生（高校2年生）と6年生（高校3年生）になると、今度は「プレゼンテーション・イン・イングリッシュ」が1単位ずつ入ってくる。

中学校の「プレゼンテーション」では、大きなテーマを立ててグループごとにそれを調査・研究させ、最終的にプレゼンさせるのである。

具体的には、「プレゼンテーションの意義や必要性、基本構造について理解させるとともに、プレゼンテーション用の資料やメモの作成、リハーサルの実施などの準備にかかわる技法、話し方の基本やプレゼンテーションの進捗管理の方法、プレゼンテーションツールの利用方法、発問や質問・意見への対応方法など実施にかかわる技法について系統的に学ぶ。授業ではプレゼンテーションを実際に行うことを重視し、学校行事等でも発表の場を設けるとともに、教科横断型のカリキュラムを構築し、自分の考えを的確に表現する能力を向上させる」（「台東地区中高一貫6年制学校基本計画検討委員会　報告書」平成15年9月より）という内容になっている。

確かに、プレゼンテーション能力は、社会に出てから必要になる力だろう。それを中学校段階からしっかり訓練しようというわけだ。

さらにいえば、大学のＡＯ入試や推薦入試では、プレゼン能力の有無が合否を左右することがある。そういった意味では、意識するとしないにかかわらず、おのずと大学進学対策にもなっているといえる。

「プレゼンテーション」の学習成果は、中学校1年生では、毎年7月におこなわれる宿泊行事等で披露される。

それは今年（平成25年）も同様で、成田方面での宿泊行事の様子が、白鷗高校のホームページで公開されているので、これを次に転載させていただこう。

「中学1年生はひとりの欠席もなく、宿泊行事に無事出発しました。途中の道は混雑がなく予定よりも早く成田のホテルに到着。荷物を置いたら、早速プレゼンテーションの学習です。午後はプレゼンテーション学習の合間をぬって「航空科学博物館」を見学し、航空機に関する学習を行いました。夕食後さらに、プレゼンテーション学習を深めます。2日目は午前中に佐倉にあります「国立歴史民俗博物館」に行ってきました。今回の社会問題のテーマで住居にしぼった班は、90分の見学時間では短かったようです。午後にはプレゼンの仕上げにむけて努力をしています。3日目、ついにプレゼン発表の日になりました。今まで自分たちで社会問題の原因、解決策と考えてきた結果をパワーポイントでまとめて8分間で発表します。どの班が優勝するのでしょうか、楽しみです」

中学校1年生で、パワーポイントを用いたプレゼンをするのだから、大したものだといえよう。

さて、高校に上がると、今度は5年生（高校2年生）から「プレゼンテーション・イン・イングリッシュ」の授業がはじまる。そう、英語を用いたプレゼンである。

白鷗高校では、5年生の秋にマレーシアへ修学旅行に行く。都立高校の多くは、沖縄や北海道を修学旅行先にするようになったが、当時、海外組はまだほとんど存在しなかった。そういった意味では、中高一貫校ということで、特別な扱いになっていたのだろう。ただ、近年は急速に都立高校の海外修学旅行が増えており、その行き先も、台湾、韓国、グアムなどバラエティーに富むようになった。

さて、5年生の「プレゼンテーション・イン・イングリッシュ」では、そんな修学旅行先であるマレーシアの風土、文化などについて、班ごとにテーマを決め、出発前に授業のなかで英語による発表会がおこなわれるのである。

私もその様子を覗《のぞ》かせてもらったことがある。

模造紙に記したデータや写真を指さしながら、ネイティブ顔負けの見事な英語力で堂々と話す生徒を目のあたりにして、さすが白鷗生だと驚くことしきりである。もちろん中には、資料ばかり見て、小さな声でもじもじしている生徒もいるが、いずれにせよ、社会に出ればプレゼンをする機会は多いと思うので、中高時代の6年間でこのような経験を積むのは非常に意義深いことだと思う。

「④の様々な体験的行事と規範意識を高め自律心を養う生活指導」についての中身だが、

これについては農村体験、修学旅行による異文化体験、異年齢集団での行事、中入生と高入生との交流活動が想定されたようだ。

「⑤地域に学ぶ様々な活動」では地域の美術館・博物館等の文化施設を積極的に活用したり、地場産業の職人から伝統技術を学んだり、江戸下町文化に関する講演を聞いたり、地域の祭りなどに参加するということが想定された。

ただ、地場産業や江戸下町文化学習については、高校ではなされていない。私はずっと高校の担任をしていたので、中学校について、当初の計画にあったような学習がどれほど展開されているか詳細はわからない。だが、中学校が上野にある国立博物館などによく学習に出掛けているのは知っている。

また、白鷗高校は、中高一貫校になる前から地域の鳥越祭に多くの生徒達が参加して神輿《みこし》をかついでいたし、和太鼓部もその腕前を披露していた。なんと、文化祭では白鷗高校が自前でもっている神輿をかついで地域を練り歩くのである。さらに、地域との交流のため、地元の人々をまじえて校内で餅つき大会などがおこなわれている。そういった意味では、地元とのつながりの深い学校なのだ。

「⑥進路に関する様々な活動」だが、このうち「土曜日や長期休業中等を活用して、補習・講習や『勉強合宿』などを実施する」というのは、進学校だった白鷗高校の伝統を引き継いだものであるといえる。

都立白鷗高校がはじめて迎える中学校1年生

平成17年4月、いよいよ私達白鷗高校が、附属中学校の1年生を迎えるときがやってきた。その3カ月前、入学願書が続々と集まりはじめ、調査書のパソコン入力をはじめとする事務作業が開始された。平成17年1月20日が郵送による出願日であったが、21日までに2000名を超える出願書類が届いた。

後に述べるように、特別枠のほうにも60名近い出願があった。

なんと、このままいくと、入試倍率は14倍を超えてしまう。このような状況は、私がかつて経験したことのない、いや、都立高校の教員誰もが経験したことのないものであった。だから応募人数と倍率が職員室に張り出されたとき、教員たちの間にどよめきが起こった。

ただ、これだけ多数になると、たった1週間で入学者を選定する時間的余裕もない。そこで東京都教育委員会は、14倍を5倍程度までしぼり込む方針をとり、書類選考をおこなうと決定したのである。

ただ、このように入学希望者が殺到するであろうということは、あらかじめ予測されていた。

都立初の中高一貫校ということで、平成15年（2003年）ぐらいから、マスコミが大々的に取り上げるようになり、学校見学を希望する小学生とその保護者も急増していたからだ。

それに、平成15年10月に白鷗高校で台東地区中高一貫教育校の第一回中学説明会が開催されたが、小学校5年生とその保護者があわせて3400名も集まっていた。

それにしても3400名とは、まるで人気ミュージシャンのコンサートである。そうした当時の熱狂を『創立百二十周年記念誌』は次のように記している。

「第1回説明会の1回目と3回目には会場の体育館が満席になった上に、第2会場の多目的ホールも満員になり、体育館での立ち見をお願いせざるをえないほど盛況であった。以降、都内数地域で説明会を行い、さらに年度末の3月26日にも浅草公会堂で説明会を行ったが、これも満席の盛況となり、児童・保護者の関心の高さがうかがわれた。都内では既に私立の中高一貫教育校への進学が当たり前になっており、公立の場合中学校部分の授業料がかからないこともあって、都立の進学校が中高一貫教育校になることに対するインパクトは強烈であった」

翌年10月におこなわれた小学校5年生、6年生を対象にした2日間にわたる学校説明会でも、3600名が参加する盛況ぶりを見せた。

いずれにせよ、嬉しい悲鳴を通り越して、私はその人気ぶりに末恐ろしささえ感じたことを今も鮮明に覚えている。

前代未聞の「特別枠」

2月3日の一般枠の適性検査に先んじて、特別枠での適性検査が実施された。

これは、特別に優れた能力を持つ生徒を対象にした入学者選抜であり、定員の1割(16名)を特別枠として募集することにしたのである。

ちなみに白鷗高校附属中学校の特別枠適性検査には、AとBの2種類がある。

「特別枠A(10名)」というのは、「漢検(漢字検定)2級または英検2級または数研3級の資格取得者」を対象としたもの。これは、私立中学校などでも広くおこなわれている形態であろう。

対して、前代未聞ともいえるのが「特別枠B(6名)」である。

囲碁、将棋、邦舞、邦楽、演劇などのジャンルで全国大会出場レベルの者を対象とした適性検査なのだ。なぜ、こんなユニークなことができるのか。それは、校長に入学決定者についての裁量がゆだねられていたからである。

東京都教育委員会が設置した「中高一貫教育校の入学者の決定方法に関する検討委員会」の中間報告書（平成15年7月）では、入学者決定においては、次の理由により、校長の裁量を尊重することとしている。

「都立中高一貫教育校（併設型及び中等教育学校）は、中学校と高等学校を単に統合したものではなく、今後の東京都における中等教育全体の改革の端緒として位置づけた、東京都が設置者となって創り出す全く新しい学校である。

都立中高一貫教育校がそれぞれの教育理念に基づいた教養教育を展開し、特色ある都立学校として発展していくためには、校長の経営戦略に基づいたダイナミックな学校経営を行う必要がある。したがって、入学者決定についても、東京都教育委員会が定めた実施要綱によって全校が一律に行うのではなく、校長裁量を尊重し、それぞれの都立中高一貫教育校の特色に応じて入学者決定方法を定めるものとする」

また、東京都教育庁が平成13年におこなった「都立高校に関する都民意識調査」で、公立の中高一貫校が必要な理由として、「個性や優れた才能を発見して伸ばす」からという回答が53・3%の最大多数を占めたことを理由に「一部の教科や文化・スポーツの分野等に卓越した能力をもつ子どもも存在する。こうした子どもに対して6年間の中高一貫教育の中で義務教育段階から才能教育を行うことは、個性・能力の伸長を図る上で有効であるとともに、都民の思いを反映することにもなる。また都立中高一貫教育校の活性化も期待できる」とし、都立中高一貫校の校長は、「卓越した能力に着目した入学者の決定方法を確立」すべきだとしたのである。

では、何をもって卓越した能力ととらえるのか。

同報告書によれば、「基準となる卓越した能力としては、例えば、理数に関する優れた能力、優れたコミュニケーション能力、文化的な事柄やスポーツに関する優れた能力などが考えられるが、各都立中高一貫教育校の特色に応じて定めるものとする。また、こうした能力の実証については、英語検定、東京都教育委員会児童・生徒等表彰、東京都児童生徒発明くふう展、新聞社等企業主催科学賞等における受賞、都のスポーツ大会における上位入賞などが考えられる」としている。

そして「このような子どもを受け入れるため、各都立中高一貫教育校は校長の経営方針に基づき、一般の検査に先立って、卓越した能力に着目した入学者決定を行う。人数枠については定員の一部とし、各都立中高一貫教育校で定めることとする。なお、卓越した能力をもつ子どもの枠での志願者のうち、入学者として決定するに至らなかった者で、希望がある場合は、一般の検査の受検を認めるものとする」という方針を決定したのである。

なお、いうまでもなく白鷗高校附属中学校において、特別枠Bというユニークな枠をもうけたのは、この学校が「日本の伝統文化に親しませ、日本人としてのアイデンティティを育成する学校」という特色を持ち、「日本の伝統文化を理解し、世界の中の日本人としてのアイデンティティをはぐくみ、国際社会で活躍する生徒」(『台東地区中高一貫6年制学校基本計画検討委員会　報告書』平成15年9月)を育てることを目標として、「日本文化概論」や邦楽を学ぶことになっていたからである。

「特別枠B」に関する日本の伝統文化の応募範囲や応募基準は、元文化庁長官・三浦朱門氏が座長をつとめる「日本の伝統文化に関する教育推進会議」で決定された。また同会では、「特別枠B」で入学した生徒に対する支援策についても話し合われた。

ちなみに、はじめての適性検査で特別枠A、Bあわせて60名近い子供達が応募してきた。

ところで、とくに伝統芸能で卓越した能力を有する子が、この学校を受けるメリットはなんなのだろうか。

東京都教育委員会が設置した「日本の伝統文化に関する教育推進会議」での議事要旨を見ると、どうやら一番のよさは、高校受験がないことらしい。伝統芸能の世界に生きる人にとって、15歳という高校受験の前後に、一時的に修業や練習を減らしたり、中断するのはかなり致命的なことらしいのだ。

たとえば、囲碁の世界などは、「早い人は小学5年、多くは16〜18歳くらいで入段する。この年齢で入段する人は中学卒業時に囲碁の道に進むか否かで悩むので、中高一貫ができるのはうれしい」という。また「長唄三味線では、幼いころは学んでいたが、中学や高校の受験のために一度やめて、高校のころに大学受験のために再び始める人が多い。中高一貫教育校があると、中断することなく質の高い教育ができるのでよい」といった委員の発言もあった。

確かにそうなのだろう。ただ、一言いわせてもらえば、「特別枠B」で入学してきたからといって、配慮されるのは専門活動のさいの欠席程度である。

欠席したときの授業については、補助資料や課題を出したりすることもあり、なかには補講をしてくれる先生もいる。ただ、公演や対局などで3日間から10日程度、学校に出席できない生徒もいる。そうした生徒について、それだけの時間を全部補講や課題で回復させることは、現実的にかなり難しいのである。

ましてや白鷗高校は進学校で、学習進度も早く、授業内容も難しい。だから、あまり勉強が得意でない場合は、無理をして特別枠Bで入学してくることはおすすめできない。

特別枠の適性検査は、平成17年（2005）2月1日に実施された。特別枠Aの生徒は、面接時に卓越した能力を示す場面をもうけることになっており、「想定以上にはっきり差がつく結果になった」（『創立百二十周年記念誌』）という。

いっぽう特別枠Bは「囲碁・将棋分野は実技試験、伝統芸能分野は既にビデオ審査が行われていて、さらに面接を加えて審査が行われ」（『前掲書』）た。翌2日、16名の特別枠合格者が発表された。この16名の児童達が、都立中高一貫校に一番乗りしたのである。

"学力を問わない"入学者選抜

そして翌2月3日、いよいよ私達ははじめて一般募集枠の適性検査に臨んだ。前日、いや前々日からさまざまな準備がおこなわれた。

適性検査を受検する児童を5倍程度にしぼったといっても、700名以上の子供達がやってくるのだ。しかも、現在では到底考えられないが、初年度は保護者達も校内に入れたのである。外で待たせるのは大変だという配慮からだと思うが、この人達が寒くないよう、控え室になっているホールなどには大型のストーブが何台も設置され、たくさんの椅子が並べられた。

はじめての適性検査は、本当に気をつかった。私自身がどのような仕事をしたかは、機密事項だと思うので具体的に話すことはできないが、とにかく、何かミスがあったらいけないと思い、ずっと緊張していて、検査が終わったときにドッと疲れが出たことを覚えている。

適性検査だが、これによって学力を問うことは禁止されていた。このため思考力や判断力、表現力などを中心にこれまで小学校で身につけた総合的な力を評価するという観点で、適性検査Ⅰと適性検査Ⅱの問題が作成された。さらに初年度は、すべての児童に対して面接がおこなわれ、志望動機や入学に対する意欲などを聞いた。これに事前に点数化してある報告書（調査書）を加味して入学者を決定したのである。

ただし、私立中学校とは異なり、合否結果を翌日すぐに出すことはできない。

適性検査は学力を問うてはいけないし、問題が国語や算数といった教科になっていない教科横断の問題解決型の設問なので、採点にとにかく時間がかかるのである。くわえて、一人一人の解答が異なる長い論述問題もあるため、最初にじっくり時間をかけて採点者が評価基準を話しあい、共通認識を持って採点にのぞみ、迷ったときには複数で相談して点数を決めるのではないかと思われるからだ。

じっさい、当時の白鷗高校校長・今成昭氏は「入学者決定のための事務作業も自校のみでは対応できず、東京都教育委員会はもとより、学区の高等学校やこれから開設する中高一貫制学校の教職員の方々に御支援いただきながら、やっとの思いで実施しました」（『創立百二十周年記念誌』）とその大変さを回想している。

採点後、適性検査点に面接点と報告書点を加味し、ミスがないかを何度も徹底的にチェックしたうえで、適性検査から1週間後、144名の合格者が発表された。

合格者の選定だが、「定員の8割まで男女別で合格者を選び、残りは男女関係なく総合成績で合格者を選ぶという規定であったため、最終的に女子の合格者数が男子を大きく上回った」（前掲書）。

しかしこの選定方針は問題となり、「次年度より男女別の選抜を行うという決定が都教委によりなされた」（前掲書）。

なお、初めての都立中高一貫校の入試だということで、世間の注目を大いに集め、当日はマスコミが何社も白鷗高校の前に三脚を立て、カメラを回していたのに驚いた記憶がある。その日の夕方や翌朝にはテレビで適性検査の様子が流され、毎朝通っている学校が画面に映し出されるのを不思議な感じを持って眺めたこともぼんやりと覚えている。

中高一貫になってからも低倍率だった白鷗高校

翌年の附属中学校への一般応募人数だが、募集は144名（男子70名、女子74名）のところ、男子360名、女子541名が応募、あわせて901名となった。その倍率は6・26倍であり、本校だけでは受検生が収まりきれず、他の都立高校を受検会場として借りて適性検査をおこなったのである。

なお小学生の人気はその後も衰えることなく、平成19年（2007）は1151名（7・99倍）、平成20年は1156名（8・03倍）、平成21年が1035名（7・19倍）、平成22年が1013名（7・03倍）、平成23年が1094名（7・6倍）、平成24年が1146名（7・85倍）、平成25年が1242名（8・63倍）というように、受検生はずっと1000名以上集まり続け、その倍率も7～8倍という高倍率を維持しているのである。

ちなみに白鷗高校へは附属中学校の160名に加え、80名（2クラス）の生徒達を外部の中学校から推薦入試と一般入試によって受け入れている。

彼らは附属中学校から上がってくる中入生に対し、高校段階で入学してくるので高入生と呼ばれている。

そんな高入生達もさぞかし高倍率だろうと思うかもしれないが、じつは全く逆なのである。かつて白鷗高校は低倍率でずっと悩んできたことはすでに述べたが、中高一貫校になっても、その状況は全く変わらなかったのである。

高入生の80名分の選抜だが、約40名は面接と調査書、作文を中心とした推薦入試でとる。残る約40名は一般入試で入ってくる。ただ、平成25年から推薦は募集定員の20％に減らされた。

平成20年（2008）、白鷗高校が中高一貫校になってからはじめての高入生の入試がおこなわれた。だが、その応募倍率は、わずか1・37倍であった。

白鷗と同じ都立高校全日制普通科の応募倍率は1・52倍だったので、都立中高一貫校だというのに平均より低かったのである。翌平成21年には1・58倍に上がったが、それでも平均より0・3ポイント高かっただけである。

推薦入試の倍率のほうも目もあてられない状況だった。平成21年（2009）にはたった1・5倍しかなかった。すぐとなりの上野高校は5倍。日比谷高校は4・46倍、西高校は4・02倍である。人気のある進学校・青山高校は、9倍を超えていた。また、普通科全体では3・54倍だった。それが1・5倍というのは、いかにも低すぎるといえよう。

だが、驚くべきは平成22年（2010）である。推薦入試の普通科全体の応募倍率が3・51倍だったのに対し、白鷗高校はなんと1倍だったのだ。倍率が低いというのではなく倍率自体がなかったのである。つまり、全員が合格するという驚くべき状態になってしまったのである。推薦入試で2倍を切るということは、私のこれまでの経験上、一度もないことだった。それが1倍だなんて、まさにこれは、危機的な事態だといえた。この年は一般入試の倍率も低く、たった1・24倍。都立全体が1・57倍であったのに比較するとこれまた低い。さらに受験当日に欠席者が出たため実質倍率は1・1倍に下がってしまった。不合格者は4名であった。

中学生から敬遠された理由

どうして中学生から都立初の中高一貫校である白鷗高校は敬遠されるのだろう。

一つには、募集定員が少ないことがあげられる。多くの学校が250名から300名募集しているなかで、わずか80名しか募集していない。でも、これが主たる理由ではない。毎年、倍率が低いわけだから、たとえ募集人数が少なくても、好感度がある学校なら受けようと思う中学生はいるはずだ。やはり中学生を躊躇《ちゅうちょ》させているのは、多数派を占める中入生の存在だと思う。高倍率を勝ち抜いて先取り学習をしてきた数多くの中入生のなかに、外部から入って来た少数派（高入生）として交わるのは気が引けてしまうのだと思う。

ところが、翌平成23年（2011）から明らかにその傾向が変わったのだ。その年の都立高校全日制の一般入試応募倍率は、平均が1・59倍であったのに対し、白鷗は1・87倍もあったのだ。推薦入試は1・98倍。これまた昨年の2倍に増えたのだ。

さらに平成24年には一般入試の応募倍率は2・08倍に上がる。これは推薦入試の倍率ではなく、間違いなく一般入試の倍率であった。推薦入試は2・65倍であった。

明らかに平成23年から大きな変化があったことを見て取れるだろう。いったいどうしてしまったのか。

白鷗高校の教職員が必死に中学校や塾廻《まわ》りをして、受験生を増やしたのか。確かにそれもある。生徒募集を担当している総務部の教員や管理職が中心になって、盛んに学校説明会や中学校・塾訪問をおこなった。もちろん一般教員も中学校訪問をする。

だが、やはり最大の原因は、なんといっても「白鷗ショック」と呼ばれた、中高一貫になってはじめての卒業生の進路実績のおかげであろう。

白鷗高校では、平成17年の1名を最後に6年間ずっと東大合格者が出ていなかった。ところが中高一貫校初の6年生（高校3年生）の生徒達がいきなり東大で5名の現役合格を出し、さらに東大を含む難関国公立に10名の合格者。くわえて早稲田37名。慶応15名という驚くべき進学実績をはじき出したのである。これによって、「高校から白鷗に入れば、よい大学にいけるかもしれない」と中学生とその保護者が思うようになり、入試倍率が上がったのである。

白鷗高校最大の特色・日本文化概論

白鷗高校は、中高一貫校になるにあたって、スクラップ&ビルド形式をとったわけではない。中高一貫校の1期生として白鷗高校附属中学校に160名の中学校1年生を迎えるとともに、併行して高校段階からも一貫校ではない高校1年生約240名（6クラス）を迎えたのである。

そちらのほうは教育課程も昔のままであり、彼らはこれまで同様の白鷗高校１年生であった。私はそんな高校１年生の担任となったため、中学校にはほとんどかかわらなかった。というのは、負担を軽減するため、高校生の担任はなるべく中学生の授業を持たぬよう社会科のなかで互いに配慮していたからだ。

なぜなら担任になると、非常に忙しいのである。授業以外に生徒や保護者とさまざまなかかわりが生まれるし、朝と帰りにはＳＨＲ（ショート・ホームルーム）があり、掃除の監督もしなくてはならないし、さらに、週一時間のＬＨＲ（ロング・ホームルーム）や総合的学習の時間なども、基本的には担任が担うことになる。クラス全体への諸連絡、大量のプリントの配付と回収。問題行動や悩みに対する対応。全く切りがない業務なのだ。

白鷗高校は、東校舎と西校舎とに分かれている。東校舎は１、２年生、西校舎は３〜６年生が学んでいるが、双方の距離は５００メートルも離れており、往復するだけで30分近くかかる。そんな東校舎と西校舎を往復して、高校の担任をやりながら高校日本史と中学校歴史を同時に教えるというのは、非常に負担が大きいのである。

いずれにせよ、高校の担任ゆえに中学生に教えたことがない私は、都立初の中高一貫校にいながら、２年間ほとんど中学生の存在を意識することはなかった。文化祭や体育祭のとき、「ああ、そういえば、うちの学校には中学生がいるのだな」と思う程度であった。

それが3年目になると、否が応でも意識せざるを得なくなった。3年生になった彼らが高校生のいる西校舎に移ってきたからだ。

ちょうどこの年、「日本文化概論」に関する議論が本格的に校内ではじまった。

前に述べたように、台東地区中高一貫6年制学校の「特色ある教育活動」の2つ目として「日本文化理解のための指導」というものが定められた。

①日本文化を自ら語ることができるよう、日本文化の真髄に触れる「日本文化概論」を設置する。
②教科「音楽」の中で「邦楽」を1年次は全員に、2〜6年次では選択教科・学校設定科目で学習させる。
③茶道、華道、囲碁、将棋、和太鼓等や、柔道、剣道、弓道などの武道に関する部活動を奨励するとともに、これらの内容を選択教科・科目に取り入れる。
④日本の歴史や文化について、自ら調査・研究し、体験させるため、修学旅行として「関西学習旅行」を行う。

以上の４つである。

これらのうち②と④、そして③の一部は、すでに中高一貫校の母体校である白鷗高校時代からおこなってきたことであった。

とても珍しいことに白鷗高校では、音楽を選択した生徒全員が三味線の弾き方を習うのである。

また、部活動として和太鼓部が存在し、たびたび全国大会に出場しているのである。また、長唄・三味線部や将棋部も存在する。だから校内では、三味線の音や長唄を歌う声が響く。このような都立学校は、ほとんどないだろう。

関西への修学旅行も、いつからはじまったかわからないくらい長い伝統があり、多くの都立高校が沖縄や北海道へ行き先を変えているなかで、頑《かたく》なに京都への旅行を守り続けてきた。だから京都の人々は、白鷗高校のことをよく知ってくれていて、制服を着た白鷗生を見ると、わざわざ声をかけてくれることもあった。そういった意味では、まさに「日本文化理解のための指導」をおこなうのには、もってこいの学校だといえるのだ。

ただ、問題なのは、「日本文化概論」という科目であった。

これについては、無からすべてを構築しなければならないものであった。

「台東中高一貫検討委員会」と「中高一貫専門部会」では、次のような計画を立てた。
「日本文化概論」の「ねらい」を「日本文化に誇りをもつとともに、伝統を尊重し、自ら進んで日本の伝統・文化を継承し、発展させようとする人材を育成する。また、中学校における「社会と私Ⅰ～Ⅲ」を基に、国際社会を生きる日本人としての自覚を育成し、改めて日本の文化について理解を深め、21世紀の国際社会を生きる日本人としてのアイデンティティの確立を図る」としたのである。

そして5年生で「日本文化について多角的に学び、日本の伝統、文化について考え、理解を深める。そのために、次にあげる観点を踏まえ、横断的な学習の要素を取り入れ、具体的なテーマを設定し、考察」し、さらに6年生で自由選択科目として「個々の関心に応じて具体的な題材を取り上げ、5年次まで各教科・領域で学習してきたことを基に改めて日本の伝統・文化について考察することで、より深く日本の文化について理解する」（『台東地区中高一貫6年制学校基本計画検討委員会　報告書』平成15年9月）としたのである。

平成16年1月、「日本の伝統文化に関する教育推進会議」が設置された。

これは、翌年に開校する台東地区中高一貫6年制学校（白鷗高校）の校長に対し、「特別募集枠B（日本の伝統文化に関する卓越した能力に基づく入学者の募集）にかかわる諸事項及び本校の特色となる日本の伝統文化に関する教育の推進に関し、校長に提言する機関」として東京都教育委員会によってもうけられたものである。

　先に紹介した、文化庁の長官をつとめた三浦朱門氏が座長となり、日本棋院副理事長の加藤正夫氏、日本将棋連盟専務理事の米長邦雄氏などが東京都の教育庁関係者らとともに名を連ねた。

　この会議では、「日本文化概論」についての話し合いもおこなわれた。

　平成18年4月の東京都教育委員会の定例会議（第8回）で、教育庁学務部長が「日本の伝統文化に関する教育推進会議」の最終報告をおこなった。

　学務部長は「白鷗高校及び附属中学校でカリキュラム検討委員会を組織いたしまして、指導計画や各分野で使用いたしますテキストをこのスケジュールに従いまして、平成20年3月をめどに作成をしていくというスケジュールでございます」と今後の予定を説明、さらに教育庁指導部が「日本の伝統文化理解教育推進会議」を設置し、都立学校の学校設定教科・科目「日本の伝統・文化」の次年度の実施をめどにカリキュラムを開発している事実を告げ、「白鷗高校附属中学校も推進校として、この事業にも参加しておりますので、両方の事業の成果を関連させながら、平成21年度に始まる『日本文化概論』が円滑にスタートできるように準備を今後行ってまいりたい」と述べている。

ただ、「日本文化概論」を誰が教えるかについては、「基本的には学校の先生が教えることになろうかと思いますが、そのときに一人で教えるのか、それとも2人組になって教えるような形になるのか、その授業だけ外部から特定の方を呼んでお話をしていただくのか、その辺についても今後その検討会議の中でカリキュラムの編成とともに検討していく内容だと思われます」と答えている。

ただし、平成18年の東京都教育委員会定例会議（第11回）で、教育庁の指導部長は「『日本の伝統・文化』という免許状はございませんので、この中には、例えば美術の教師が中心になって教える単元、国語の教師が専門になって教える単元とか例示はしてございますけれども、できるだけ学校の教員が中心になりながら教えられるように」、「副教材を作成するとともに、併せて指導書も作成をしていく予定でございます」、「専門性や奥深い部分については、外部の方に来ていただいてご指導していただくような場を設定していく必要があると考えております」と答弁した。すると、これを聞いたある教育委員が「白鷗高校みたいなモデル校を作ったわけだから、そこをまずしっかりやってもらうことですね。そこが輝いてくれれば、わかりますよね。ですから、これを是非やってもらいたい」と発言している。

　このように日本文化概論は、都立学校の学校設定教科・科目「日本の伝統・文化」と連動し、一部外部講師を招きながら教科横断的な指導が想定されていたのである。なおかつ、東京都教育委員会の大きな期待を背負っていたわけだ。

多くの伝統芸能のプロがになう贅沢な日本文化概論

だが、そうした認識は、白鷗高校の教職員のなかにはほとんどなかった。

校内ではカリキュラム検討委員会が設置され、そのもとに「日本の伝統文化委員会」を置いて日本文化概論に関する話し合いをはじめた。社会科（地歴・公民科）からも代表が出席したが、私自身は委員ではなかった。

結果、高校2年次に週1時間の必修科目として設定され、将棋、囲碁、茶道、華道、書道、日本文化史の6種類のうち3種類を学期ごとに受講させることとした。ただし日本文化史だけは必修とし、どこかの学期で必ず習得するルールをもうけた。

　日本文化史を除く5種類の実技科目は、外部から講師を招くことに決まった。いずれもプロや師範の肩書きを持つ、そうそうたる講師陣が来てくださった。

なお、日本文化史は本校の教員が担当することになったが、「日本文化に詳しい日本史の教員が適任だ」ということになり、平成21年の2月、急に私が教えることになった。担当するはずだった教諭の異動が決まったためだ。まさに青天の霹靂だった。開講まで2カ月しかない。

そこで校内の「日本の伝統文化委員会」の長に問い合わせたところ、「日本史の文化史分野をやってくれたらよい」という拍子抜けするような言葉が返ってきた。そこで私は江戸時代の三文化（寛永期の文化、元禄文化、化政文化）を教えることに決めた。また、生徒には日本文化に関するモノ・人・思想などをテーマとするレポートを提出させることにした。こうして4月を迎え、いよいよ日本文化概論（日本文化史）がスタートしたのである。

日本文化概論は、同じ時間帯に高校2年生の3クラス（120人）の生徒が「将棋、囲碁、茶道、華道、書道、日本文化史」の6つのコースに分かれ、それぞれ別室で学んでいくというすごい多展開授業となった。

性質上、5つの実技科目は、多くても20人が限度であった。このため、日本文化史の定員は教室いっぱいの40名になり、日本史に興味の無い生徒たち（主に理数系）も含め、日本史の授業を展開することになった。まじめに聞く子が大半だったが、おそらく多くの生徒は退屈なのをがまんしてつき合ってくれていていたのだと思う。もちろん、一部はウトウトしたり、内職をしようとしている者もいた。そうした生徒に注意しつつ、授業を展開していくものだから、教えるこちらとしてもどうにもつまらない。

そんなことから「なぜ日本史の教諭が、こんな教科書もない、わけのわからない日本文化概論という教科の中で、日本史の授業をやらなくてはならないのか」と不快な気持ちになり、これまで「台東中高一貫検討委員会」や「日本の伝統文化に関する教育推進会議」が出した報告書などを読んでみた。

結果、今のやり方は、当時目指した方向と違うことを知ったのである。計画段階では、教科横断的な内容をさまざまな教科が連携して担う形態を想定していた。しかも、この日本文化概論が、都立初の中高一貫校である本校の特色の柱だというではないか。

そこで私は、「日本の伝統委員会」のメンバーに加えてもらい、「当初の理念に立ち返り、複数の教科が日本文化史をになうべきだ」と主張した。事実、どの教科であっても日本文化史を教えることは可能なはずだ。数学だって江戸時代の和算を教えることができるし、理科なら医学史や科学史が教授できる。家庭科なら和食や着物の歴史が教えられるはず。

なお、この年に着任された星野喜代美校長も、「日本文化概論は白鷗中高一貫の柱だ」という考え方をもっておられ、職員会議でその意義を説いてくださり、全面的にバックアップしてくれた。が、私の提案は各教科に持ち帰って検討してもらったものの、見事に玉砕してしまった。そりゃあ、どこの教科だって、日本文化史なんて、今までやったこともない内容を教えたい人がいるわけがない。「日本史の教員がやっていればいいのだ」そんな空気をひしひしと感じた。

しかし私はあきらめず、9回で完結する日本文化史の授業を、チームを組んだA教諭とB教諭がそれぞれ4回ずつ授業を担当する方式を考えた。なお、そうなると1回授業が余ってしまうが、これについては地域の特性を生かし、校外学習をやってみようと思い立った。白鷗高校は、上野と浅草に挟まれた地域で、昔は寺社地であった。ゆえに寺があちこちに点在している。私は、授業時間内（50分間）で往復できる地域にある偉人の墓に連れて行き、現場で彼らの生涯、そして最期について解説するとともに、墓地にある墓石の家紋や形状などについての授業をしようと考えた。家紋や墓石のかたちなどについて、教える高校なんて、日本中どこを探してもまずないだろう。

こうした計画を立てたうえで、「日本の伝統文化委員会」に日本文化史をチーム・ティーチング（2名）で教えることを提案したのである。

「でも、今度もまた拒絶されるのではないか」、内心そう思っていた。ところが、会議の場で「やってもよい」という委員が現われたのである。しかも驚くことにその先生の専門教科は理科だった。なおかつ意外にも、その教授内容は歌舞伎だというのだ。大の歌舞伎ファンなのだという。

「そうか、たとえその教科に関連していなくても、日本文化に関する趣味を持っている先生方は存在するのだ」そう、このとき改めて思った。ちなみに翌年も、別の理科の先生が日本文化史を受け持ってくださり、その先生はなんと「落語」をテーマに授業された。

こうして翌年から中高一貫校の2期生をチーム・ティーチングで教えることにしたのだ。

さて、私の授業だが、4回の授業を2つのテーマに分けた。

①戦国武将の精神史

②江戸時代の庶民生活

この2つである。

①の授業は、戦国時代の戦国武将達が大いに南蛮文化の影響を受けたこと。武将達の甲《かっ》冑《ちゅう》が変わった形でおしゃれであるのは、目立つためであり、それは恩賞などがその理由の

一つだったこと。「伊達者」の語源とされる伊達政宗がその第一人者であるが、隻眼であった彼が「自分の肖像画に両目をきちんと開けて描いてほしい」と遺言したのは、「そうしないと親不孝になるからと考えたため」という儒教思想の話へつなげた。このように戦国時代のヨーロッパとのつながり、恩賞に対する武将のこだわり、儒教精神の浸透などを理解させようとしたのである。

②の授業は、江戸時代の庶民のエコ生活を題材に取り上げるとともに、さまざまな商売に言及した。また、鎖国という時代にあっても、オランダや清国に莫大な量の銅を輸出しており、清国の銅銭原料の6〜8割が日本産の銅だった事実を教えた。また、ミイラをはじめ、象やラクダが輸入されたこと。それらを拝観させる見世物小屋が大人気だったこと。白鷗高校に近い両国や浅草が江戸時代、娯楽場として栄えていたことなどを話した。

この授業については、プリント穴埋めや板書形式ではなく、電子黒板を用いてパワーポイントでスライドを見せながら展開していった。

生徒の反応は、前年の日本文化史と格段の差があり、多くが食いついて受講してくれた。

また、私が作成した資料やスライドについては、きちんと保存し、次の担当者へ引き継ぐことにした。ただ、この授業は、私だからできるという職人芸のようなところがある。

きっと私が歌舞伎を担当している先生の教材をもらい、全く同じ授業をしろといわれても、それは困難だと思う。そういった意味では、教授内容の継承というのは日本文化史の大きな課題といってよいだろう。

平成24年3月、ついに3年間手がけた日本文化史から私は離れることになった。

「日本史の教員がやればよい」という感覚は教員たちから消え、平成24年度は、理科と国語の先生が落語と文学史を教えることになった。現在（平成25年度）は家庭科の先生が担当されていると聞いている。いずれにせよ、白鷗高校の柱である日本文化概論、そのなかの日本文化史は、白鷗の教員全体で担うという体制が確立できたのである。

第3章

10校の都立中高一貫校と九段中等教育学校

東京都初の中等教育学校の誕生―小石川中等教育学校

白鷗高校は附属中学校を持つとともに、高校段階からも入試によって外部から生徒を入学させるという、いわゆる併設型の中高一貫校である。

これに対して、6年間ずっと持ち上がりの中等教育学校として、はじめて東京都につくられたのが小石川中等教育学校である。いうまでもなくその母体校は、小石川高等学校だ。

小石川高校は、戦前の東京府立第五中学校である。やはり、都立のナンバースクールとして高い大学進学実績を誇り、一時は東大合格者を50名以上輩出し、日比谷高校と肩を並べるほどの力を持っていた。けれど、他のナンバースクール同様、学校群制度導入後は進学実績は下がり続け、ここ数年はずっと東大合格者は一桁台が続いていた。

平成14年（2002）10月、そんな小石川高校が、白鷗高校とともに都立最初の中高一貫のパイロット校に指定されたのである。翌年10月になると、白鷗より遅れて「文京地区中高一貫6年制学校基本計画検討委員会」が設置され、白鷗高校と同じように基本計画が練られることになった。

平成16年（2004）4月、小石川高校の校内に「文京地区中高一貫6年制学校開設準

備室」がおかれ、都立飛鳥高校の校長であった遠藤隆二氏が、小石川高校の校長兼開設準備室担当校長に任命された。

小石川中等教育学校を開設するまでの経緯は、校長であった遠藤氏が退職後に出版した『小石川の新しい風―中等教育学校創設の記録』（学事出版）に非常に詳しい。そこで、この本を大いに参考にさせてもらいつつ、小石川高校が中等教育学校になるまでの過程についても紹介していきたいと考えている。

着任時、遠藤氏は東京都教育庁の幹部から、この東京都最初の中等教育学校を全国に誇れる学校にしてほしいと励まされたという。

このおり、その幹部に学校のイメージを尋ねたら、彼は「検討委員会報告書以上のことは考えていない、報告書の内容に即していればいい、校長の発想を入れてユニークな学校にしてほしい、任せる、可能な限りバックアップする」（『小石川の新しい風―中等教育学校創設の記録』学事出版）といってくれたそうだ。

中高一貫校の立ち上げ時、東京都教育委員会はある程度、校長の裁量権を認めたようだ。白鷗高校附属中学校の入学者選抜についても、校長の裁量権が大きかったことはすでに触れている。この時期の東京都教育委員会は、校長のリーダーシップに期待するところがあったようだ。

ともあれ、遠藤校長は、英語教育と自然科学教育に特色をおいて、都立初の中等教育学校をアピールすることにしたのである。

ただ、平成16年（2004）7月に地域住民や小石川高校の卒業生などを集めて、新しい学校の理念や特色を説明したところ、「理科・数学に教育の重点を限定するのはおかしい、小石川はリーダー育成を伝統的に行っていない」、「小石川高校が中等教育学校に改編されることに反対」（前掲書）など、かなり強い反発があったという。

また、教職員についても、遠藤校長の弁によれば「開設準備室の仕事が進み出すと、母体校の全日制や定時制との間にトラブルが続出し、相互の不信感も重なって空中分解の様相を呈した」という。

このため遠藤校長は、地域住民や卒業生に100％理解してもらうことをあきらめて開設の作業を進めることに決め、母体校の教職員については面談を重ね、さらに開設準備室の情報を母体校の教職員に積極的に公開したうえで意見を求めるといった手法によって、次第に協力を取りつけていったという。

こうした抵抗は、私の聞く限り、白鷗高校では起こらなかったようだ。学校によって、差があるのはなかなか興味深い。

小石川高校が計画した「日本一周洋上研修」

平成16年10月、「文京地区中高一貫6年制学校基本計画検討委員会」の報告書が東京都教育委員会に提出された。そこには白鷗高校と同じように、「目指す学校像」、「育てたい生徒像」、そして「教育理念・教育目標」が記された。

文京地区中高一貫6年制学校の教育理念・教育目標には「立志・開拓・創作」という文言が盛り込まれている。これは、東京府立第五中学校が創立されたときから「三校是」としてきたものを引き継いだのである。つまり、伝統的な母体校の理念と目標を継承することにしたのだ。

ちなみに、カリキュラム編成においても、この「立志・開拓・創作」という理念を前・中・後期と3つに区切って、「各時期に教育理念・教育目標を常に意識できるような指導内容を組み込んだ」（前掲書）という。

さらに、文京地区中高一貫6年制学校の特色を「理科教育」と「外国語教育」におくこととした。昔から小石川高校は理科教育に力を入れてきたので、その流れを継承するとともに、グローバル化のなかで国際人として活躍できるよう、英語の学習に力を入れることにしたのである。

さらに遠藤校長は、「日本一周洋上研修」を導入することを計画した。

「1学年160名全員が約二週間かけて、仙台、函館、酒田、舞鶴、下関、長崎、広島、松阪、下田などに寄港しながら、船上で共同生活と体験学習をする」（前掲書）

この洋上研修のねらいについて遠藤校長は、次のように語る。

「このような教育が、自己の利益や幸せしか考えない我儘《わがまま》の横行する社会の現状と、難関大学への合格者数を競い合っている教育界の現状に風穴をあけられるかも知れない。志望校に合格する受験力の育成にではなく、教育の軸足を真の人間力の育成と社会に貢献する人材、社会を牽引《けんいん》する機関車的役割を果たす人材教育におく必要があるのではないかと考える。新しい小石川（小石川中等教育学校）には、そういう人材育成の教育が求められているのではないかと考えた」（前掲書）

しかし、東京都教育委員会は、この計画を認めようとはしなかった。その理由は単純だ。教員の引率費用がかかりすぎるというものであった。もし洋上研修が実現したとすると、きっと面白いほどの成果が上がっただろうと思われるだけに残念なことである。

いずれにせよ、平成18年（２００６）４月、白鷗高校に続いて小石川高校が、都立中高一貫校として生まれ変わったのである。なおかつこの小石川は、都立ではじめての中等教育学校であった。

けれども同じ年に、都立大附属高校も中等教育学校になっているし、併設型ではあるが両国高校も中高一貫に生まれ変わっている。また、都立ではなく千代田区立ではあったが、やはりこの年、九段中等教育学校が開校した。

かくして平成18年、一気に５つの公立中高一貫校が都内に林立することになったのである。

都立中高一貫校10校と区立中高一貫校

さて現在、都立の中高一貫校は全部で10校である。これに千代田区立の中高一貫校を加えると全部で11校だ。

白鷗高校と小石川中等教育学校だけしか語らないのも不公平だし、他の都立一貫校について興味を持っていらっしゃる読者は多いと思うので、まずは私の知り得る情報と印象を伝えたい。ただ、これから話すのは、私の主観がかなり入っていると思うので、客観的なデータについては本章の最後に1校ずつ見開きページで書いたので、そちらもあわせて見ていただきたい。

では、開校した順番から語っていこう。

白鷗高校が平成17年に開校した翌年、一気に3校が開校した。それが前述した小石川と両国高等学校附属中学校と桜修館中等教育学校である。

「えっ、桜修館って何？　都立なの？　私立みたいな名前だけど？」

きっと都内に長年住まわれている方でも、そう思う人は多いはず。

じつは、東京都立大学附属高校が中等教育学校になるとき、改名したのである。

ちなみに都立大附属高校は、単なる都立高校である。ではなぜ、東京都立大学の附属という名称を持っているのか。それにはワケがある。

もともとこの学校は、7年制（高等科3年、尋常科4年）の東京府立高等学校として戦前に設立された。当初は東京府立第一中学校（現・日比谷高校）内にあったが、その後現在地に移り、戦後になると同校の高等科が東京都立大学となり、尋常科のほうが東京都立大学の附属高等学校となったのである。

また、制度上も私達がイメージするような都立大学（現・首都大学東京）の完全な附属とはかけ離れている。都立大学の教員が語学を高校に教えに来たり、かなり早い段階から都立大への推薦入学制度があったりしたが、自動的に附属高校の生徒が都立大学へ進学できるわけではなかった。

一時は戸山高校などと並ぶ進学校になったが、その後、進学実績はみるみる低下し、中高一貫校に生まれ変わるころには、東大どころか国立進学者も20人程度に落ち込み、早稲田・慶応もあわせて20人足らずという状態になっていた。まあ、はっきりいえば中堅の上、という程度の普通の都立高校になってしまったのである。

その都立大附属高校が、平成18年度（２００６）に東京都立桜修館中等教育学校へ生まれ変わった。そして6年後、はじめての進学実績が出た。

結果は、まさに驚きといえた。一貫校に改編する前から都立のトップ校であり、同じ中等教育学校である小石川に匹敵する数の難関大学合格者を出したのである。

しかも小石川が東大現役合格者2名だったのに対し、桜修館は2倍の4名を出したのだ。その他、一橋大学2名、東工大4名の合格者が出、なおかつ、早稲田51名、慶応16名という実績が出た。

その成功の秘訣《ひけつ》はなんなのか。

英数国の分野を中心に論理的思考力を重視し、研究論文などを書かせている活動も功を奏したのだろうが、個人的には、都立大附属高校を全く意識させない「桜修館」という新しい名前に変え、これまでの伝統というしばりから思い切って脱却したことが、成功の要因になったのではないかと考えている。

ちなみに、校名は、都立大附属の校章が「桜」だったからだという。桜修館の近くには美しい桜並木もある。さらにいえば、学校の敷地がめちゃくちゃ広い。もともと都立大学がここにあったためである。そういった意味では、学習環境にも恵まれている。

桜修館と同時に開校した両国高校は、都内有数の進学校であった。何度か足を運んだことがあるが、錦糸町の駅からわずか5分なので、交通の便がすこぶるよい。ただ、周辺にはカラオケボックス、ファミレス、ファーストフード店など遊ぶ場所がたくさんあるので、誘惑に弱いお子さんにはおすすめできない。

あの芥川龍之介も両国高校の出身だ。といっても、当時は「府立三中」と呼ばれていたが。このほか、堀辰雄なども輩出しており、「国語の両国」として定評がある学校だった。なおかつ、私達が高校生のころは、受験スパルタ教育校として有名で、すぐ側《そば》に「両国予備校」があったが、「うちは予備校は必要ない」と豪語して予備校以上のスパルタ教育を施す先生も多かったと聞く。おそらくそうした伝統も受け継がれていることだろう。

ただ、進学実績は、桜修館や白鷗ほどは伸びていない。確かに東大は5名の合格者を平成25年に出しているが、もともと両国からは数名の東大合格者が出ることが一般的であったし、中高一貫校になる前と後とで国立大学合格者の数もあまり変わっていない。

そういった意味では、小石川高校同様、無理して中高一貫校にならず、むしろ進学重点校として優秀な教員を集めたほうが、進学実績はもっと上がったのではなかろうか。

さて、都立中高一貫校ではないが、都内にある公立中等教育学校として卒業生を出している学校がある。そう、千代田区立九段中等教育学校である。

もともと都立九段高校だったのを、東京都が千代田区に移管し、千代田区立九段中学校と合体してできた学校だ。といっても、都立高校の先生が普通の人事異動で九段中等教育学校へ移っているので、都立の中高一貫校と教員の中身は大差がないといえる。じつは私も、「九段に来ませんか」と在る筋から打診を受けたことがある。もう都立高校を辞めようと思っていたので、丁重にお断りした。

ただ、他の中高一貫校と大きく違うのが予算である。比較にならないくらい予算が潤沢なのだ。なんと二億円以上なのである。他の公立中学校と比較したら、軽く10倍は違う。

これだけあれば思う存分、教員の研修などにも金を使うことができるだろう。

勤務は他の中高一貫校同様、非常に忙しいというが、研修ができて欲しい教材も買えるという意味では、教員にとっては有り難いし、それがそのまま授業に反映され、子供達にとってもプラスになるはずだ。また、「早稲田アカデミー」など、大手私塾を活用した講座などもあったり、非常勤講師がたくさんいたりする。さらにクラスは、複数担任制をとっている。

そういった意味では、他の都立中高一貫校とは異なるのである。

ただ、あくまでも千代田区の学校だということを忘れてはいけない。その証拠に募集人員160名のうち、なんと半分は千代田区在住の小学生を入学させなくてはならないという大きなしばりがある。だから全都から応募する80名の枠に対し、その倍率は8〜9倍という高さがあるが、これが千代田区枠の80名になると2倍弱しかない。

そもそも千代田区に住んでいる小学校6年生自体、400人ぐらいしかいないのだ。そのうち160名近くが受検するのだから、そういった意味では、確かに九段中等教育学校は、千代田区のための学校だということはいえる。

しかしながら当然、全都から集まってくる生徒と、千代田区内から入ってきた生徒の間には大きな学力差が生まれてくるだろう。それが授業を展開するうえで、ネックになっているのではないかと推察できる。

また、マスコミが大きく取り上げたのでご存じの方もいると思うが、九段では前期課程（中学校）から後期課程（高校）への進級段階で、1期生のうち18名もの生徒が他校へ出てしまった。学校側は、「すべて生徒と保護者が納得の上で転出」という説明をしていたが、160名のうち18名といったら10％を超えているわけで、さすがに不自然だ。強引に進路変更させたわけではないというけれど、学校側から強い働きかけがあったのではないかと疑いたくなる。

やはり、ゆとりある6年間を送らせる目的で創設されたのが中高一貫校であり、しかも公立なのだから、入学させた生徒全員を最後までしっかり面倒見て卒業させるのが筋ではないかと思う。ただ、この件でかなり強い批判を浴びたため、2期生以後はほとんど進路変更者は出ていない。それも、念のためにつけ加えておこう。

さらに九段中等教育学校について詳しく知りたい方は、我が子二人を九段に入学させた鈴木亮氏が書かれた『塾不要　親子で挑んだ公立中高一貫校受験』（ディスカヴァー携書）がおすすめである。2007年に書かれた本なので情報が少し古く、九段を褒めすぎているきらいもあるが、かなり詳しく九段の教育や利点が記されているので、この学校を考えている方は一読されるとよいと思う。

平成20年度に開校したのが、立川国際中等教育学校と武蔵高等学校附属中学校である。この2校は、今年度注目の学校だといっておこう。というのは、平成26年3月にはじめて卒業生を出すからである。

立川国際中等教育学校は、その名前からわかるとおり、第二の都立国際高校を想定してつくられたといわれている。ちなみに知らない方のために補足すると、都立国際高校というのは、廃校になった赤城台高校の後継校として1989年に設置された比較的新しい学校である。とにかく英語力の育成に特化した学校であり、入学者の募集に帰国子女や在日外国人枠などもあり、わずか十数年で都立の進学校の仲間入りした学校である。

立川国際中等教育学校もそんな都立国際高校のような学校を目指し、「国際」と名付けたようだ。もちろん、中学生の募集には帰国子女枠ももうけられている。

もともと立川国際中等教育学校の母体校は、都立北多摩高校という落ち着いた比較的人気のある進学校であった。ただ、桜修館中等教育学校と同じように、「北多摩」という名を消して、校名ごと変えてしまったのである。

学力的には、桜修館の前身である都立大附属高校とほぼ同程度であったので、そういった意味では、桜修館のように一気に進学実績が伸び、大化けする可能性を秘めているといえる。この立川国際も桜修館同様に学校の敷地が広く緑も多いので、勉強するにはよい環境といえる。ただ、立川駅から歩いて20分弱かかり、そういった意味では、他の中高一貫校と比較すると、あまり交通の便はよくない。

武蔵高校は白鷗高校と同様に、東京府立第十三高女と呼ばれた女子校が前身であった。そしてやはり白鷗同様、中高一貫の形態も併設型を採用している。ただし、中学からの募集枠は少なく、たった120名である。

悪名高い学校群時代は、同じく中高一貫校となった三鷹高校と74群を形成しており、この地域の特徴なのか、三鷹同様、部活動が非常に盛んで、校風もかなり自由だった。服装も自由だったが、中高一貫校に変わって制服が導入された。これは、小石川中等教育学校と同様のパターンである。

ただ、伝統文化の白鷗、理数重視の小石川、国語の両国、英語の立川国際と比較すると、地球学を導入したり、キャリアデザインを設定するなどしているものの、いまいち、武蔵高校独自の強烈な特色というものが見えなくなっている。

それは、これから述べる三鷹や大泉、富士、南多摩にもいえることである。つまり学校の特色で攻めるのではなく、大学の進学実績で攻めていこうという、ゆとり教育からの脱却が反映されているように思えるのである。

さて、平成22年度には、一気に三鷹、南多摩、大泉、富士の4校が開校した。三鷹と南多摩が中等教育学校、大泉と富士が併設型である。そして4校とも、母体校の名前をそのまま引き継いでいる。さらにいえば、4校とも、たまたま大学の進学実績も似たり寄ったりなのである。そういった意味では、数年後にどのような進学実績の違いが出てくるかで、今後の人気も大きく変わってくるだろう。

三鷹中等教育学校は、その母体校は非常に自由な校風を持っており、バレー部が全国大会で優勝したり、サッカー部が全国大会に出たりと、進学校であるとともに部活動が大変盛んだった。だから新しく三鷹中等教育学校に変わった今でも、学校行事や部活動にはかなり力が入っていて、文武両道を目指す生徒にはおすすめの学校だといえる。また、韓国やフィリピンとの国際交流なども盛んなようである。

ただ、学校が駅から歩いて通えないのがちょっと難点だといえる。しかしながら行けばわかるとおり、校舎が新しいのだ。大規模改修によって新築された建物もあるし、設備も整っている。6年間生活するには、魅力的な環境だといえよう。

富士高校は白鷗同様、東京府立第五高等女学校を前身とする学校であり、校内に立派な天文台があることでも知られている。三鷹と同じように部活動がとても盛んで、アメリカンフットボール部やなぎなた部といった珍しい部活も用意されている。もちろん天文部も盛んだ。そんなわけで、部活加入率は90％に達するそうだ。なお、中高一貫校に生まれ変わってからは「英語力の育成」「探究心の育成」「言語力の育成」に力を入れ、首都大学東京と高大連携をおこなうなど、リーダーの育成に力を入れている。

大泉高校は、一度だけ行ったことがあるが、この学校の敷地はとてつもなく広い。なんと4万1000㎡だ。まるで大学のキャンパスである。どうやら都立高校の普通科では一番広大らしい。しかも、校舎が新築されたのである。なおかつ、その新築校舎には、富士高校と同様の天体望遠鏡が設置されたのだ。そのためか、倍率だけで見ると、平成25年の応募倍率は9・51倍。人気の桜修館をおさえて都立中高一貫校10校中堂々の第一位である。

以上、私の偏見もまじえて10校プラス九段中等教育学校を紹介した。

ところで、もしお子さんが都立中高一貫校に入学を希望しているのであれば、こうした情報を書籍やネットから仕入れるだけでなく、じっさいに志望校をじっくり、そして何度も見学するべきだろう。学校説明会だけでなく、文化祭などの公開行事や公開授業にぜひとも参加していただきたいと思う。

とくに、公開授業は必須である。生徒の授業に対する姿勢がわかるだけでなく、教員の力量を知ることができるからだ。さらにアドバイスするなら、受検生の保護者の多くが、中学生（1～3年生）の授業だけ見て帰ってしまうのだが、じつはこの見学の仕方では不充分だ。

都立中高一貫校に入りたいのは、大学の進学実績に魅力を感じているからだと思う。であれば、ぜひ高校（4～6年生）の教員の授業を見るべきだと思うのだ。授業を見れば、素人でもその力量は判断できるはずだ。

なお、意外に思うかもしれないが、学校公開の回数は、同じ都立中高一貫校でも全く違っている。なぜ同じ学校でこれだけ差があるのかわからないが、教員はもともと他人に授業を見られるのを好まないから、少ない学校はひょっとしたら教職員の抵抗が強いのかもしれない。

いずれにせよ、ホームページで確認したり、電話するなどして、同じ学校の高校教員の授業を複数回見ることをおすすめしたい。そしてできれば、都立の進学重点校と比較するとよいかもしれない。そのあたりの理由については、後に詳しく語りたい。次に客観的データを掲載するので、ぜひ参考にしていただければと思う。

白鷗高等学校・附属中学校

所在地●東京都台東区元浅草3-12-12
電話●東校舎03-5830-1731

●**開校年度**――平成17年度(2005)　完成年度:平成22年度(2010)

●**設置形態**――併設型

●**募集規模**――平成26年度(2014)　中学160名4クラス　高校80名2クラス

●**簡単な歴史**――東京府高等女学校として明治21年(1888)に創立。明治34年(1901)東京府立第一高等女学校と改称。大正10年(1921)日本初の高等科を新設。昭和24年(1949)男女共学を実施。昭和25年(1950)東京都立白鷗高等学校と改称。平成17年(2005)に都立初の中高一貫教育校として附属中学校開校。

●**学校の目標・教育理念**――「開拓精神」のもと、みずからの意志と努力をもって自己を開発していく精神、いかなる苦難にも耐えて自己の人生を切り開いていく力、社会の進展に寄与する旺盛な意欲をもつ生徒の育成を目指す。

●**学校の特色**——授業、行事、部活動において日本の伝統文化を積極的に取り入れている。具体的には学校設定科目『日本文化概論』の学習、和太鼓や長唄三味線などの部活動、音楽授業での三味線演奏など。また周辺地域との強い連携により、生徒は地域清掃活動の他に、地域の伝統行事（浅草流鏑馬《やぶさめ》、時代祭等）などに参加している。

●**平成25年進学実績**——東大（現役4名、既卒1名）、東大を含む難関国公立（東大・一橋・東工大）7名／早慶上智理科大　69名／MARCH（明治・青山学院・立教・中央・法政）　109名

●**偏差値**——57（四谷大塚）

両国高等学校・附属中学校

所在地●東京都墨田区江東橋1-7-14
電話●03-3631-1878

●**開校年度**――平成18年度（2006）　完成年度：平成23年度（2011）
●**設置形態**――併設型
●**募集規模**――平成26年度（2014）　中学120名3クラス　高校80名2クラス
●**簡単な歴史**――明治34年（1901）東京府第一中学校分校を東京府第三中学校と改め開校。昭和23年（1948）6・3・3制実施に伴い、東京都立第三新制高等学校と改称。昭和25年（1950）東京都立両国高等学校と改称。平成18年（2006）両国高等学校附属中学校開校。
●**学校の目標・教育理念**――併設型中高一貫教育校として6年間を通した教育により、高い学力と豊かな人間性を育成し、将来、世界的視野をもって様々な分野でリーダーとなる人間を育てる。

教育目標である「自ら考え学ぶ生徒、高い志と使命感をもった生徒、健康で明朗な生徒」を育成するため、生徒・保護者、そして、都民の期待に応える質の高い教育活動を展開していく。

●学校の特色――「志（こころざし）学」の推進

望ましい職業観・勤労観を培い、将来、職業を通して社会に貢献する志や使命感を育成するため、総合的な学習の時間を「志（こころざし）学」として職場体験や社会の最前線で活躍する人々による講義等を行っている。

平成24年度、東京都の「言語能力向上推進校」に指定されたのを機に、学力の基盤となる「言語能力」の育成に力を入れている。

●平成25年進学実績――東大（現役４名、既卒１名）、東大を含む難関国公立（東大・一橋・東工大）13名／早慶上智理科大　１１８名／ＭＡＲＣＨ　１４２名

●偏差値――60（四谷大塚）

小石川中等教育学校

所在地●東京都文京区本駒込2-29-29
電話●03-3946-7171

●**開校年度**――平成18年度(2006) 完成年度:平成23年度(2011)
●**設置形態**――中等教育学校
●**募集規模**――平成26年度(2014) 160名4クラス
●**簡単な歴史**――大正7年(1918)東京府立第五中学校として小石川区駕籠町に創立。昭和18年(1943)東京都制施行にともない東京都立第五中学校と改称。昭和23年(1948) 学制変更で東京都立第五新制高等学校と改称。昭和24年(1949)男女共学制実施。昭和25年(1950)東京都立小石川高等学校と改称。平成18年(2006)東京都立小石川中等教育学校開校。
●**学校の目標・教育理念**――「立志」「開拓」「創作」(自ら志を立て、自ら進む道を切り開き、新しい文化を創りだす)ことを目指して、自主自立の気概を身に付け、卒業後も自ら人生に果敢に取り組んでいく生徒を育成する。

●学校の特色――「小石川教養主義」の伝統を引き継ぎ、全ての教科・科目を学ぶことによって、単に受験のためではない「教養」を生徒に身に付けさせる。確かな学力を育てるため土曜日や長期休業日、放課後などに補習や特別講座小石川セミナーを実施している。また１日45分の７時間授業を行う。

現在文部科学省よりＳＳＨ（スーパーサイエンスハイスクール）の指定を受け、全生徒を対象にＳＳＨ事業を展開。日本学術会議、大学、研究所、海外の理数系教育重点校などと連携し活動をしている。

全員が参加する国内語学研修、海外語学研修、海外修学旅行では、異文化理解、学校交流、意見発表等に取り組み、身に付けた英語をツールに行うことを目指している。

●平成25年進学実績――東大（現役２名、既卒３名）、東大を含む難関国公立（東大・一橋・東工大）11名／慶上智理科大　１５１名／ＭＡＲＣＨ　１５１名

●偏差値――64（四谷大塚）

桜修館中等教育学校

所在地●東京都目黒区八雲1-1-2
電話●03-3723-9966

●**開校年度**――平成18年度（２００６）　完成年度：平成23年度（２０１１）
●**設置形態**――中等教育学校
●**募集規模**――平成26年度（２０１４）　１６０名４クラス
●**簡単な歴史**――昭和４年（１９２９）麴町区永田町、東京府立第一中学校内にて開校。昭和24年（１９４９）東京都立大学附属高等学校と改称。平成16年（２００４）都立大学附属高等学校内に目黒地区中等教育学校（仮称）の開設準備室が設置される。平成17年（２００５）校名が都立桜修館中等教育学校に決定。平成18年（２００６）第1回入学式を挙行。
●**学校の目標・教育理念**――６年間の一貫した教育課程を通じて、確かな学力を身につけさせるとともに、論理的に考え、主体的に課題を解決する力を培う。
体験的な学習や実験・実習を重視し、未知なるものに対する探究心や知的欲求を高め、自然や社会の事象における問題を発見する力と様々な問題解決能力を培う。

生命や人権を尊重し、他者を思いやる心を育てるとともに、自らの健康の維持や体力の向上を図る能力・態度を培う。④将来の夢や高い志の実現に向け、一人一人の個性を伸ばすとともに、世界の中の日本人としてのアイデンティティをもって進んで国際社会に貢献しようとする態度を培う。

●**学校の特色**――【論理学習】独自の教科である「国語で論理を学ぶ」、「数学で論理を学ぶ」の授業をティームティーチングで行い、論理的な思考力を育成している。また、討論や発表などの学習を積極的に取り入れ、言語活動の充実を図り、論理的に考える姿勢を育てている。4・5年生の数学で習熟度別の授業、2・3年生の英語・選択科目で少人数授業を行っている。コミュニケーション能力の育成に向けた第二外国語の授業を後期課程から実施。自ら課題を見つけ、課題を解決する力を育成する総合的な学習の時間を、各学年で計画的に実施。

●**平成25年進学実績**――東大（現役4名、既卒2名）、東大を含む難関国公立（東大・一橋・東工大）11名／早慶上智理科大　105名／MARCH　155名

●**偏差値**――59（四谷大塚）

武蔵高等学校・附属中学校

所在地●東京都武蔵野市境4―13―28
電話●0422―51―4554

●**開校年度**――平成20年度(2008)　完成年度:平成25年度(2013)

●**設置形態**――併設型

●**募集規模**――平成26年度(2014)　中学120名3クラス　高校80名2クラス

●**簡単な歴史**――昭和15年(1940)東京府立第十三高等女学校として開校。昭和25年(1950)東京都立武蔵高等学校となり、男女共学が始まる。平成18年(2006)東京都立武蔵高等学校内に武蔵野地区中高一貫6年制学校開設準備室を設置。平成19年(2007)校名を東京都立武蔵高等学校附属中学校とする。平成20年(2008)東京都立武蔵高等学校附属中学校開校。

●**学校の目標・教育理念**――豊かな知性と感性　健康な心と体　向上進取の精神

「向上進取」と「奉仕」の精神を大切にし、「社会に貢献できる知性豊かなリーダー」の育成を目指す。

●**学校の特色**——総合的な学習の時間に「地球学」を設定し、自然・人間・社会に関わる内容を総合的に扱い、自ら課題を見つけ解決できる力を育成している。

さまざまな問題を地球規模で考えさせ「自然科学」、「社会科学」、「人文科学」を中心に、環境・地域・人間・生命等について、3年間で教科横断的に学んでいる。

調査・実験・実習・討論・発表など多彩な授業形態を取り入れ、問題解決能力を育てている。

キャリア・デザイン

職場体験や仕事調べ、進路講演会などの体験的な進路学習を行う。

大学や研究機関などから講師を招いてセミナーを開催。

大学への訪問や見学を行い、自分が学ぶ専門分野を理解させる。

●**進学実績**——未

●**偏差値**——61（四谷大塚）

立川国際中等教育学校

所在地●東京都立川市曙町3−29−37
電話●042−524−3903

●開校年度——平成20年度（２００８）完成年度：平成25年度（２０１３）
●設置形態——中等教育学校
●募集規模——平成26年度（２０１４）　１６０名４クラス
●簡単な歴史——昭和23年（１９４８）定時制課程立川青年学校として発足。昭和25年（１９５０）立川市立高等学校と改称。昭和26年（１９５１）全日制課程第1回入学式挙行。昭和31年（１９５６）都立北多摩高等学校と改称。平成20年（２００８）定時制課程、閉課程となる。
東京都立立川国際中等教育学校開校。
●学校の目標・教育理念——教育目標　国際社会に貢献できるリーダーとなるために必要な学業を修め、人格を陶冶する。
三つの教育理念

【立志の精神】国際社会に生きていく人としての自覚をもち、自ら志を立て、未来を切り開いていく力を育成する。

【共生への行動】国際社会にあって、自己の考えを明確にもち、表現できる能力を養うとともに異なる文化を理解し、尊重する態度を育成する。

【感動の共有】学校教育のあらゆる場において、生徒の主体性を重んじ、達成感、連帯感を育成する。

●**学校の特色**――都立中高一貫教育校の中で唯一海外帰国・在京外国人生徒枠を設けている。6学年に及ぶ異年齢集団で、国際理解教育を推進することを特色としている。

平成26年度入学生より、希望により『グローバル対応の教科・科目』を選択して学習。東京外国語大学との協定書に基づく高大連携を推進。日本の学習指導要領に拠らない教育を受けてきた生徒の中から、必要に応じて取り出し授業を実施（1〜3学年の国語、数学）

●**進学実績**――未

●**偏差値**――55（四谷大塚）

富士高等学校・附属中学校

所在地●東京都中野区弥生町5―21―1
電話●03―3382―0601

●**開校年度**――平成22年度(2010)完成予定年度:平成27年度(2015)

●**設置形態**――併設型

●**募集規模**――平成26年度(2014)　中学120名3クラス　高校80名2クラス

●**簡単な歴史**――大正9年(1920)東京府立第五高等女学校として開校。昭和23年(1948)東京都立第五女子新制高等学校と改称。昭和25年(1950)都立富士高等学校と改称。男女共学に。平成22年度(2010)中高一貫教育校として生まれ変わった。

●**学校の目標・教育理念/教育目標**

・知性を高め、教養を深める。
・品性を養い、感性を磨く。
・自ら判断し挑戦する精神を高める。

●学校の特色／教育課程の特性

・中高一貫教育校の教育課程の特性を活用し、6年間の体系的な教育課程を編成する。
・教育活動の全体を通して「探究心」をはぐくむため、多様な学習を展開する。
・教育活動の全般において品性を養い瑞々《みずみず》しい感性を磨くため、特別活動を工夫する。
・学習意欲を高め、志のある人材を育てる学習の充実を図るため、体験的な学習を積極的に取り入れている。

●世界への扉を開く英語力育成プログラム

【多読】たくさんの英文を読んで読解力をつける。
【ＴＯＥＩＣ・トレーニング】資格試験へのチャレンジを支援する。
【短期集中英語講座】長期休業中に外国人による集中授業を行う。
【ブリティッシュ・ヒルズ宿泊学習】英語研修・体験学習を行う。
【英文書写】英語の詩や名句に触れ異文化理解を深める。

●進学実績——未

●偏差値——56（四谷大塚）

大泉高等学校・附属中学校

所在地●東京都練馬区東大泉5−3−1
電話●03−3924−0318

●**開校年度**――平成22年度（２０１０）　完成予定年度：平成27年度（２０１５）

●**設置形態**――併設型

●**募集規模**――平成26年度（２０１４）　中学１２０名３クラス　高校80名２クラス

●**簡単な歴史**――昭和16年（１９４１）東京府立第二十中学校として設置。仮校舎において開校。昭和18年（１９４３）東京都制施行につき東京都立大泉中学校と改称。昭和23年（１９４８）新制高等学校に移行し、東京都立大泉高等学校となる。中高一貫校に改編されることが決定、平成20年（２００８）練馬地区中高一貫6年制学校開設準備室が設置される。平成22年（２０１０）東京都立大泉高等学校附属中学校開設。

●**学校の目標・教育理念**――我が国の文化を理解し、他国の文化・伝統を尊重する態度を養い、国際的な視野を培うとともに、コミュニケーション能力を育む充実したキャリア教育を実施し、生徒が主体的に自己の進路を決定する力を養い、能力と適性に応じた進路を実現する。

●**学校の特色**――放課後を活用したティーチャー・イン・レディネス及び、土曜演習を活用している。

各教科の学習の仕方、ノートのとり方、授業への取り組み方、家庭学習への取り組み方等きめ細かな指導を行っている。

高等学校二年までは、共通科目を履修させ幅広く豊かな教養を身に付けさせる。高校三年から生徒の希望進路実現を図る教育課程を編成する。英語及び数学においては、可能な限り少人数による授業及び習熟度別授業を採り入れている。

●**進学実績**――未

●**偏差値**――57（四谷大塚）

南多摩中等教育学校

所在地●東京都八王子市明神町4‐20‐1
電話●042‐656‐7030

●**開校年度**――平成22年度（2010）　完成予定年度：平成27年度（2015）

●**設置形態**――中等教育学校

●**募集規模**――平成26年度（2014）　160名4クラス

●**簡単な歴史**――明治41年（1908）東京府立第四高等女学校として開校。昭和23年（1948）東京都立第四女子新制高等学校と改称し、新制中学を併設。昭和24年（1949）男女共学実施。昭和25年（1950）東京都立南多摩高等学校と改称。平成22年（2010）東京都立南多摩中等教育学校開校。

●**学校の目標・教育理念**――心・知・体の調和

●**教育目標**

【心を拓《ひら》く】「心」とは、特に人間に顕著な精神作用を総合的にとらえた称。「拓く」とは、努力していい状態に変えること。

【知を極める】「知」とは、情勢の変化に応じて的確に判断・処理できる、頭の働き。知恵。「極める」とは、それ以上は望めないところまで達すること。

【体を育む】「体」とは、意識・思考・活動をする主体としての肉体。「育む」とは、親鳥がひなを羽に包んで育てること。

●**学校の特色**――総合的な学習の時間で行うフィールドワークに関連する学習を各教科の中に取り入れ、思考力を高める授業を展開。言語能力推進校としての取り組みや留学生との交流機会、フィールドワークの成果発表会、職場体験・職場訪問、四校対抗弁論大会、百人一首大会、ビブリオバトルなどの取組過程で、人間関係を良好に築く術《すべ》を学ばせている。

●**進学実績**――未

●**偏差値**――56（四谷大塚）

三鷹中等教育学校

所在地●東京都三鷹市新川6-21-21
電話●0422-46-4181

●**開校年度**――平成22年度(2010)　完成予定年度:平成27年度(2015)

●**設置形態**――中等教育学校

●**募集規模**――平成26年度(2014)　160名4クラス

●**簡単な歴史**――昭和23年(1948)三鷹町立三鷹新制高等学校として創立。昭和30年(1955)東京都立三鷹高等学校と改称。平成14年(2002)都立高校改革推進計画により中高一貫教育校への移行が決定、平成22年(2010)東京都立三鷹中等教育学校開校。

●**学校の目標・教育理念**――基本理念　思いやり・人間愛(ヒューマニティ)を持った社会的リーダーの育成。自分のことだけを考えるのではなく、他者に対して思いやることのできる心を育て、人間性豊かな社会を構築する社会的リーダーの育成を図る。

●**学校の特色**――英語・数学では習熟度に応じた少人数指導やティームティーチングを実施

するなど、生徒一人一人のニーズに対応している。「文化科学I」、「自然科学I」等の独自の教科を展開し、基礎学力の充実のもと、論理的思考力、豊かな情操の形成にも重点を置いた特色ある教育を推進している。中等前期課程対象で、年間20回ほどの月曜日放課後に、本校教員と現役大学生による補習を実施している。

●**進学実績**――未

●**偏差値**――56(四谷大塚)

千代田区立九段中等教育学校

所在地●東京都千代田区九段北2-2-1
電話●03-3263-7190

●**開校年度**——平成18年度（2006）　完成年度：平成23年度（2011）

●**設置形態**——中等教育学校

●**募集規模**——平成26年度（2014）　160名4クラス

●**簡単な歴史**——大正13年（1924）第一東京市立中学校として設立。昭和18年（1943）都制施行により、東京都立九段中学校となる。昭和24年（1949）男女共学開始。昭和25年（1950）東京都立九段高等学校と改称。平成18年（2006）同じ校内に千代田区立九段中等教育学校を開校。

●**学校の目標・教育理念**——豊かな心　知の創造

目指す学校像　豊かな教養と高い志を身に付けさせ、自己実現に向かって創造的・意欲的に行動できるリーダーとしての資質や能力を育成する学校

●**学校の特色**――千代田区公立学校の復権と将来の日本を担う次世代リーダーを育成するという使命を踏まえ、東京都で唯一の区立中高一貫校として千代田区ならではの特色を生かし、「体験を重視し、本物から学ぶ、本校ならでは、本校だからこそ」の特色ある教育課程を編成・実施している。

「確かな学力の向上」、「豊かな人間性の育成」、「キャリア教育の充実」を教育活動の3本柱に据えている。教職員を「チーム九段」とし〝生徒を我が子〟として受け止め、教育に当たっている。

少人数指導やティームティーチング等を通して生徒一人一人に配慮したきめ細やかな指導により確かな学力の向上を目指している。

●**平成25年進学実績**――東大（現役2名）、東大を含む難関国公立（東大・一橋・東工大）7名／早慶上智理科大　73名／MARCH　109名

●**偏差値**――57（四谷大塚）

第4章 都立中高一貫校の現実とその矛盾

なぜ学力検査をしてはならないのか

都立中高一貫校では、中学校に入学するさい、学力検査（学力試験）は課さない決まりになっている。すでにこの話は前にも述べたが、やはり、何度聞いてもどうにも納得がいかない方が多いだろう。都内には「都立中高一貫校に受からせます」と堂々とうたう進学塾がいくつもあり、一貫校に合格するための模擬試験が存在し、さらに、問題集や受験対策参考書も書店のお受験コーナーにたくさん並んでいるのだから。

だが、それでも都立中高一貫校がおこなっている入学試験のようなものは、あくまで自校に入学するのに適しているかどうかを診断する〝適性検査〟であり、学力試験やテストのたぐいではないというのである。

それにしても、どうして都立中高一貫校は、学力試験を課してはいけないのか、そのあたりから探っていこう。

平成9年（1997）に文科省の中央教育審議会は、「21世紀を展望した我が国の教育の在り方について」という第二次答申を出し、そのなかで公立の中高一貫校を選択的に導入するにあたり、「留意すべき点とそれらへの対処に関する考え方」として、「受験競争の低年齢化につながることのないよう、公立学校では学力試験を行わない等、入学者を定める方法などについて適切な配慮が必要」、「受験準備に偏した教育が行われることのないよう、普通科タイプの場合には特に配慮が必要」とした。

翌年、学校教育法などの一部が改正され、公立でも中高一貫校が設置できることになった。

だが、そのさいに、衆議院文教委員会において、公立の中高一貫校が受験エリート校化したり偏差値による学校間格差を助長させないため、また受験競争の低年齢化を招くことがないようにするため、入学者の選抜においては学力試験を課さない、という附帯決議をおこなったのである。

この理由から、公立の中高一貫校では、私立中学校のような教科ごとの学力検査（学力試験）とは異なる方法によって、入学者を選ばなくてはならなくなったのだ。

ただ、その手法として、面談や書類選考だけで入学者を選抜している学校は、完全な小数派だ。ほとんどの中等教育学校や併設型中高一貫校では、これに加えて適性検査なるものを用いて、その学校に合致した児童を入学させている現実がある。

「特色ある検査方法の具体例」

東京都の場合もそれは同様である。

選抜方法に関しては、平成15年（2003）4月に「中高一貫教育校の入学者の決定方法に関する検討委員会」と「同委員会幹事会」が設立され、ここで具体的な検討がなされ、入学者の決定方法が定められたのである。委員会の中間報告では、

「都立中高一貫教育校で学ぶ子どもの適性には、将来の進路に対する目的意識、6年間の一貫教育の中で学ぼうとする意欲、課題発見・解決能力、集団への適応性等、多様なものがある。入学者の決定に際しては、これらの適性とともに創造力や協調性などを的確にみるため、面接、作文、適性検査（筆答検査）、実技検査を適切に組み合わせて実施することとする」とし、参考資料として「特色ある検査方法の具体例」を図式化したものが添付されている。

ちなみに、図中で提示されている参考例は大変ユニークなのである。

たとえば面接では、5分間のスピーチをさせる場面をもうけたり、テーマを与え、それについて面接官の前でプレゼンテーションをおこなうといった例をあげている。

作文については、絵画や写真などの資料をあらかじめ用意し、その感想を800字程度

でまとめ、それをその場で発表するなどとしている。

適性検査については、楽しく暮らす町をテーマに、自分なりに必要な施設を考えて地図を完成させていくという設問を一例としてあげている。あるいは、「森と海」について、調べたいと思う疑問点をあげ、どんな資料を用いてその疑問を解決することができるかを考えさせるという例もある。

実技検査は、さらに面白い。設問例は「遊びの創造」というもの。まず6名のグループをつくり、作業分担や発表の方法を話し合い、与えられた段ボールや木材、ロープなどの素材を用いて自分達で新しい遊びを創造し、遊び方やその楽しさなどについて発表するというものだ。

ただ、こんな面接や検査を誰がどういう規準で評価し、点数化するのか。まずは不可能だろう。このため、この参考例は一つも具体化され実施されることはなかった。

現在の都立中高一貫校における一般枠募集の入学者決定方法は、書類（調査書や志願理由書など）と適性検査の2種類というところがほとんどになっている。

当初、白鷗では面接試験もあったのだが、今はおこなっていない。なぜ面接を中止したのか、その理由は担当者ではなかったのでよくわからない。ただ、1000名以上の児童を1名ずつ面接するとなると、膨大な時間がかかるため、おそらく、時間的余裕がないというのが消滅した理由の一つではないかと想像される。

入学者の選抜にあたって、書類、作文、適性検査のなかで、もっとも重要視されるのが適性検査である。この出来不出来が大きく合否を左右するのである。

都立中高一貫校は、どうやって適性検査問題を作成しているのか

それでは、東京都はどのような方針で適性検査の問題を作成しているのか。また、誰がどのようにしてつくっているのか。そのあたりを明らかにしていこう。

「中高一貫教育校の入学者の決定方法に関する検討委員会」は、「適性検査（筆答検査）は都立中高一貫教育校のねらいや、育てたい生徒像に照らして、学習活動への適応能力、学ぶ意欲や適性等をみようとするものである。具体的には、自分自身で問題を発見し、筋道を立てて考えようとする態度や能力などに着目する検査である。この意味で、学習指導要領に示された教科の目標に即した学習内容の理解度や達成度をみる学力検査とは一線を画する」と学力検査でないことを明示したうえで、さらに「それぞれの都立中高一貫教育校の特色や、育てたい生徒の姿によって、求める子どもの適性は異なる。したがって、こ

れらの検査方法の組合せや比重の置き方は、各都立中高一貫教育校ごとに異なってよい」と各校の判断を尊重した。

さらに「とりわけ都立中高一貫教育校においては、小学校段階から受験準備に偏した風潮を助長しないように、日頃の学習を通して各種検査に取り組めるような内容とすべきである。各都立中高一貫教育校においては、面接、作文、適性検査（筆答検査）、実技検査の各検査項目に共通して、都立中高一貫教育校のねらいを反映するよう、工夫することが求められる」（『中高一貫教育校の入学者の決定方法に関する検討委員会』中間報告書）としたのである。

私は中高一貫校の白鷗高校にいたので、適性検査問題がどのように作成されていくかをよく知っている。ただ、これまでは作成過程だけでなく、作成の日程についても公開することは認められていないと考えてきた。

ところが、平成24年度（2012）、小石川中等教育学校の適性検査問題の解答例に大きな誤りがあり、それに沿って採点したために点数に狂いが生じ、9名の追加合格者を出すという失態があった。

東京都教育委員会は、この事実を公表するさい、適性検査問題の作成日程をはじめて明らかにした。さらに適性検査問題は校内の教員が中心になって作成され、途中で何度も東京都教育委員会の支援を受けるという事実も公開した。

その日程というのは、東京都教育委員会のホームページ上で公開されている。『平成25年度東京都立中高一貫教育校入学者決定における適性検査問題の問題文の誤りについて』（平成25年2月）によると、次のような日程で適性検査問題の作成が進んでいく。

平成23年7月　校内作成委員会　問題案・解答例の検討
　　　　　　　校内検討委員会　問題案・解答例の検討
　　　　　　　都教育委員会　素材の検討
平成23年8月　校内作成委員会　問題案・解答例の検討
　　　　　　　校内検討委員会　問題案・解答例の検討（都教育委員会職員も参加）
平成23年9月　校内作成委員会　問題案・解答例の検討
　　　　　　　校内作成委員会　問題案・解答例原稿の検討・点検
平成23年10月　都教育委員会　問題案・解答例の検討
　　　　　　　校内作成委員会　問題案・解答例原稿の検討・点検
平成23年11月　都教育委員会　入稿前原稿の確認

平成23年12月　校内作成委員会 解答例の検討・点検
　　　　　　　都教育委員会 初校原稿の確認　基本方針・解答例確認
平成24年1月　同校管理職による点検 解答例の点検
　　　　　　　校内作成委員会 問題用紙・解答用紙・解答例の再確認
　　　　　　　校内作成委員会 採点基準の検討
平成24年2月　校内採点委員会議 採点基準の確認

なお、適性検査で見たい力というのは、中高一貫校によってそれぞれ異なってかまわないとされている。

「教育庁報No．505」（平成17年7月5日発行）には、各校の求める力が紹介されている。白鷗高校附属中学校については、適性検査ⅠとⅡをおこなうが、「適性検査Ⅰ：思考力や判断力、表現力を生かし、問題を解決する総合的な力をみる。適性検査Ⅱ：課題を発見し、それを解決する方法について、自分の考えや意見を正しく表現し、的確に文章にまとめる力をみる」とある。

また、小石川中等教育学校では「適性検査1：文章を熟読し、問題解決を図る意欲や自己を深く見つめ、表現する力をみる。適性検査2：資料の分析をとおして、日本や世界のことについて考察する力や表現する力をみる。適性検査3：身近な事象をとおしてリーダーとしての素養をみるとともに、問題分析力や思考力、判断力などを生かして課題を総合的に解決できる力をみる」としている。

適性検査の問題作成のはかり知れない苦労

いずれにしても、適性検査というのは、都立の中高一貫校それぞれのねらいや育てたい生徒像を念頭において、「学習活動への適応能力、学ぶ意欲や適性等をみようとするもの」で、「具体的には、自分自身で問題を発見し、筋道を立てて考えようとする態度や能力などに着目する検査」だといえる。かつ、受験準備に偏した風潮を助長せぬよう、教科の理解度や達成度をはかる学力検査にしてはいけないのである。だからこうした条件をクリアしながら、問題をつくるのは、想像以上に大変な作業なのだ。

その労苦が白鷗高校の『創立百二十周年記念誌』にも記されている。

「適性検査問題の作成に苦労した。中教審の答申にも、公立の中高一貫教育校の生徒募集については、いわゆる学力テストを行ってはならないと書かれている。小学生の塾通いを煽《あお》らないようにとの配慮であるが、本校のような進学校の場合、一定の学力を有した生徒の入学が望ましく、『学力テスト』ではないが『学力』も測ることのできる適性検査を『創作』するのは大変な作業であった」と述べている。

また、具体的な問題作成にあたって、次のような難しさがあった。

「この検査は私立のような各教科の問題を出題することはできない。また、小学校の学習指導要領から逸脱した出題であってもならない。

更に、出題内容も東京独自のオリジナリティが求められた。学習指導要領は、教科ごとの学習内容が示されているが、その範囲で教科の学力テストでない適性検査問題を作成し、なおかつ、他県の適性検査と似ていないようにする、というのは、至難の業であった。発想が乏しいと、どうしても既成の教科の出題枠から抜け出せない。計算力や暗記力だけでは答えられない問題をいかに、作成していくか、暗中模索が続いた。

また、客観的な採点基準を設定することができるような問題を作成することも、大きな課題であった。教育課程と同様に、白鷗の後に続く学校が参考にできる模範を示さなくてはならない。適性検査問題の開発は、単一教科の選考問題を作るのとは、全く次元の異なる大変な作業であった。様々な支援もあったが、優秀なスタッフに恵まれたため、注目を集める中、どこからも批判を受けない質の高い適性検査問題を世に出すことができた。今後は、年を重ねていくことで、出題のパターンが確立していくと思われるが、学校の教育力、教養の幅、教員の力量、創造性が、真に問われた作業であった」

いかがであろう。

この文章から、学力を問わない教科横断的な適性検査問題の作成の困難さがよくわかるであろう。また、都立の中高一貫校として、今後の模範となる良問をつくらなくてはならないという強いプレッシャーを作問委員達が感じていたこともよく理解できる。このように中高一貫校に勤務する教員にとって、適性検査問題を作成するという作業は相当な重荷になっているのである。

適性検査では、どんな問題が出されるのか

前項で適性検査問題を作成する困難さについて述べたが、実際にどのような規準で問題がつくられているのだろうか。きっと、気になる方も多いだろう。

じつは都立の中高一貫校では、各校のホームページ上で、毎年、自校で作成する適性検査問題の基本方針を発表しているのである。

学校によって多少方針は異なるものの、近年は基本的にはそれほど大きな違いは見られない。たとえば白鷗高校附属中学校のホームページには、「平成25年度 東京都立白鷗高等学校附属中学校の適性検査問題の出題の基本方針等」と題するページがあり、そこに次のように記されている。

1　出題の基本方針
(1)小学校で学習した内容を基にして、思考・判断・表現する力をみる。
(2)与えられた課題を解決するための、分析・考察する力をみる。
(3)身近な事象の中から課題を見出し、それを解決するための方法を考えることを通して、思考・判断する力や自分の意見を適切に表現する力をみる。

2　適性検査問題の出題の方針、問題の構成及び主なねらい
出題の基本方針を踏まえ、以下のとおり適性検査Ⅰ及び適性検査Ⅱを実施する。

適性検査Ⅰ（45分）

(1)出題の方針
思考する力、判断する力、表現する力を生かして問題を解決する総合的な力をみる。
(2)問題の構成及び主なねらい
・大問を3問とし、小問9問で構成する。
・与えられた文章や図に基づいて、思考する力、表現する力をみる。
・与えられた表や図を正確に読み取り、考察する力、数理的に分析する力をみる。
・与えられた条件の下に判断して、法則性を見出し、思考する力をみる。

適性検査II（45分）
(1) 出題の方針
与えられた二種類の文章を正確に読み取るとともに分析し、自分の考えや意見を的確な文章にまとめる力をみる。
(2) 問題の構成及び主なねらい
・大問を1問とし、小問2問で構成する。
・与えられた課題について、決められた字数でまとめる力をみる。

・与えられた条件を満たす文章を構成し、自分の体験を含めて600字程度で表現する力をみる。

ここに掲げられた基本方針を基に、実際には校内の教員達によって、先に紹介したタイムスケジュールに沿って作成されていくわけだ。

平成25年の白鷗高校附属中学校の問題

それでは、白鷗高校附属中学校がホームページ上で公開している平成25年の適性検査を参考に、具体的にその中身を考察していこう。

白鷗の適性検査Iは、大問3問で構成されており、それぞれの大問題には小問が3問付属している。つまり、45分間の検査で9問の小問を解く形式になっている。

ずいぶん数が少ないと思うかもしれないが、私立の入試問題とは大きく異なり、1問解くのに相当な時間を要するものが多いのである。

適性検査Iの冒頭に「優太君と美咲さんは、白鷗高校附属中学校の一年生同士です。以下の会話文は、二人が入学してからの一年間を、担任の先生といっしょにふり返っている内容です。①から③の会話文を読んで、図や表に基づいて、問題に答えなさい」と記されている。

このように、平成25年の適性検査Ⅰの各大問は、先生と優太と美咲の会話文で構成されている。

「大問1」の内容は、金環日食のときにスカイツリーにかかった虹の話からはじまり、実際に実験で虹をつくってみようということで実験をおこなう。そのうえで、虹の成り立ちや色や形、見える時間帯や方角の不思議について語り合うというものだ。さらに、会話文に続いて、この話に関連する4つの図が提示されている。

そのうえで小問では、「先生が説明した反射した光と、空にかかる虹のアーチとで、色の順番が逆になる理由」を会話文と4つの図をふまえて説明させたり、「アーチがよく夕方の時間帯に見える理由」を図に基づいて具体的に説明させるという問題である。

教科でいえば、理科の知識を駆使して正解を導く問題といえるだろう。でも、しっかりとリード文を理解し、そのうえで図を駆使しないと、正答に至らない設問が多い。

「大問2」は、図書館だよりに記された読書量と学習時間のアンケート結果の話。アンケート用紙とその結果を記した表と図を用いて、割合や人数、図と表から読み取れる事象を問うものだ。教科でいえば、主に算数の知識が必要となる問題である。
「大問3」は、正月にした遊びの話から「春・夏・秋・冬」の漢字4文字を使ったパズルの話になり、算数的な確率などを問う小問になっている。これもやはり、算数の力を駆使して解く必要がある。

適性検査IIは、文章問題である。用いられたのは、日高敏隆著『人間はどこまで動物か』の一節「セミの声聞きくらべ」（資料1）と秋野翔一郎訳『イソップ寓話集』の一節「アリとキリギリス」（資料2）である。この資料1と資料2を読んで、次の2つの問題について論述するというもの。資料1は、かなりの長文だ。

最初の問題は、次のようなものである。
「資料1からは、熱帯と日本とギリシアと南フランスにおけるセミの生活の様子がわかります。また、資料2のお話は日本でもよく知られていますが、実はこのお話は、もともとギリシアで「セミとアリ」というお話として生まれました。両者は「セミ」が「キリギリス」に変わっている以外に、お話の内容にほとんどちがいはありません。では、どうして

「セミとアリ」の「セミ」が、このお話が日本に伝わる間に「キリギリス」に変わってしまったのでしょうか。資料1の内容をふまえ、さらにあなた自身が考えたことも加えて、その理由だと思われることを二百字以内でまとめて書きなさい」

その模範解答は、次のとおりである。

「資料1にある通り、ギリシアでは夏にセミの鳴き声がとても目立つので、アリにとってはセミが夏中歌って遊んでいると感じたという、資料2のような話が生まれたのだと考えました。ところがセミよりキリギリスの鳴き声が目立つ国にこの話が伝わり、セミがキリギリスに変わったのだと思います。そして日本にも伝わると、キリギリスなどの秋の虫の声が親しまれているので、そのままアリとキリギリスの話で広まったのだと考えました。」

この問題は、きちんとした文章の読解力があれば、正答を導き出すのはそれほど難しくはないだろう。「あなた自身が考えたことも加えて」という箇所についても、受検生によってそれほど大きな違いが出ないだろうと思われる。

それに対して2つ目の設問は、大きく異なってくる。

「資料2にあるように、生き物が登場するお話はたくさんあります。あなたが好きな、生き物が登場する日本のお話を一つ取り上げ、その生き物が日本人の社会やくらしの中で親しまれてきたことについて、次の①から③の条件をすべて満たして六百字程度で書きなさい。書き出しや、改行などの空らん、記号（、や。や「」）なども字数に数えなさい。

条件① お話の「題名」と「主な登場人物や生き物の名前」を書く。

条件② その生き物が用いられている、別のお話や歌の「題名」、または「ことわざ」や「俳句」などを書く。

条件③ その生き物にかかわるあなた自身の体験を書く。」

まあ、生き物が登場する日本のお話というと、『桃太郎』の犬と雉《きじ》と猿や『猿蟹《かに》合戦』のカニと猿、『かちかちやま』の狸《たぬき》とウサギなど、思い浮かべる動物は十人十色であろう。つまり、10人いれば、すべての答えは全く違ったものになるのだ。

いずれにせよ、ことわざや俳句なども入れ込み、自身の体験も語らなくてはならないわけだから、これまでの国語学習のみならず、読書体験や生活体験までを総動員しつつ、書かなくてはならない。

字数制限はないから、別に100字ぐらいでもよいのだろうが、マス目は600字ある。それにこれだけのことを書くとなると、どうしても、それに近い文字数は必要になってくる。書くほうも大変だが、採点するほうも大変なのだ。きっちり採点基準を決めたとしても、個人個人全く異なる文章を、その基準にあてはめて点数化しなくてはならない。これは、並大抵の苦労ではない。だって受検人数が1000名近いわけだから。だから私立の中学受験と違って、合格発表まで1週間ほどかかるのである。

いずれにせよ、白鷗高校附属中学校の適性検査Ⅰ、Ⅱは、教科の基礎知識が身についているとともに、思考力や問題解決能力にも長けている必要があるのである。

ただ、一般的にいえることは、文章読解力に長けた児童は、この適性検査Ⅱは比較的解きやすいのではなかろうか。

ちなみに適性検査問題のなかには、白鷗高校附属中学校から近いスカイツリーや日本の伝統文化の話、特別枠適性検査の話、白鷗高校の修学旅行先であるマレーシアについてなど、白鷗という学校に関係することが多くちりばめられているので、このあたりもしっかり事前に学んで当日に臨んだほうがよいだろう。

なお、他の都立中高一貫校についても、適性検査は、おおむね同じような傾向にあるといってよい。

国会が危惧した公立中高一貫校のエリート校化と受験競争の激化

国会は、公立の中高一貫校の設置を認めるにあたり、附帯決議がなされ、一貫校がエリート校化したり、受験競争の低年齢化に拍車をかけたりすることがあってはならぬとし、それを防ぐために学力試験は課さず、別の方法によって入学者の選別をおこなうようにさせた。

そこで各地方自治体では、今見たとおり、入学者選別の手段として、単純に一つの答えを導き出す教科ごとの学力試験ではなく、思考力や判断力を駆使して問題解決をはかる教科横断的な適性検査なるものを実施するようになったのである。検査問題のなかには、白鷗高校附属中学校の適性検査で紹介したように、答えが一人一人違ってくるものも含まれている。

ともあれ、適性検査というものが、全国の公立中高一貫校でこぞって実施されるようになった。

では、適性検査に登場するような設問は、学習塾などに通うことによって果たして解けるようになるのであろうか。

「なる」というのが正解である。

それは、あえて説明するまでもないだろう。今や大手の学習塾で、公立の中高一貫校向けの受験コースをもうけていないところはないくらいだ。公立の中高一貫校専門の塾も続々と生まれている。問題集や参考書のたぐいも数多く、公立中高一貫校専門の模擬試験（一斉テスト）まで実施される始末である。

公立の中高一貫校をねらう子の多くがこうした学習塾に通い、模試を受けて適性検査当日に臨んでいるのである。

つまり「思考力や判断力を問い、問題解決をはかる能力をみるのだから、適性検査は学力試験とは違う」と各自治体の教育委員会は主張するが、反復や訓練次第で高得点がマークできるようになるわけだから、その性格は、私立中学の入試となんら変わるところはないのである。

また、ここ数年、都立中高一貫校に合格した生徒の入学辞退率が、右肩上がりに増えていっている。すなわちこれは、開成、麻生、早稲田、慶応などといった有名私立のすべり止めとして、中高一貫校の受検が用いられている現実を如実に示している。こうした有名私立は、もともと思考力や判断力を問うことで受験生の優劣に差をつけようとする傾向があるので、そうした学校を目指している児童は、何もせずとも都立中高一貫校の問題も解けてしまう傾向にあるのである。

つまり、国会で危惧された受験競争の低年齢化に、公立の中高一貫校の存在は完全に拍車をかけるかたちになってしまっているのが現状なのだ。

さらに、東京都における「公立中高一貫校のエリート校化」も著しい。

ただ、これについてはある程度、東京都教育委員会は想定していたと思われる節がある。というのは、都立の中高一貫校に生まれ変わった10校はいずれも、一貫校になる前から有名進学校であったからだ。

ただ、日比谷高校や西高校などと比較すると少々見劣りし、なおかつ、入学者の応募倍率が下がり気味だった学校が多い。だからこそ、思い切って再生させようという意図があったのではないかと考えられる。

すでに東京都教育委員会は、白鷗高校が都立初の中高一貫校に変わる4年前の平成13年（2001）に、進学指導重点校という制度を設け、日比谷高校、戸山高校、西高校、八王子東高校を進学指導重点校に指定している。さらに2年後、新たに青山高校、立川高校、国立《くにたち》高校の3校を追加した。字面を見てわかるとおり、都立の復権を企図して、この7校を進学校化しようというのである。

進学指導重点校では、他の都立高校より予算が多く配分され、教員は全都からの公募で、やる気と指導力のある人を集めている。教科の補習や講習にも力を入れ、結果として進学実績を伸ばそうというのだ。

そうした動きを見れば、表向きは教養教育、学校の特色化をかかげながら、中高一貫校を設置した真のねらいは、都立高校の復権にあったのではないかと勘ぐってしまう。

もし文科省のいう「『ゆとり』ある学校生活を送ることが可能になる」というのを第一に考えて中高一貫校をつくろうとしたのなら、いわゆる教育困難校と呼ばれる都立高校を中高一貫校に改編してもよかったはずだ。それをしなかったところに、東京都教育委員会の真意が見え隠れしているように思えるのだ。

ただ、これは東京都だけの問題ではなく、全国的な傾向ともいえる。千葉県などは、県内トップの千葉高校を併設型の中高一貫校に改編している。

なお、この傾向に拍車をかけたのは、文科省のゆとり教育からの転換であろう。学力低下が問題視され、平成20年（2008）ぐらいを境に、「ゆとり教育」から「確かな学力の育成」へと文科省は完全に舵を取りはじめた。これ以降、東京都教育委員会でも都立の中高一貫校においても進学指導に力を入れるようにと指導を強めるようになっていった。

東京都立小石川中等教育学校の奈良本俊夫校長が決定した「平成25年度学校経営計画」が小石川中等教育学校のホームページ上で公開されている。

それを見ると、「３　今年度の取組目標と方策」の「（２）重点目標と方策」の「進路指導の充実」には〈数値目標〉とあり、次のように記されている。

（１）大学入試センター試験において、５教科７科目型の受験者を１００名（在籍者の63％）以上にする（前年度89名、56％）。５教科７科目型の受験者のうち、得点率80％以上の者を40名以上にする（前年度34名）。

（２）国公立大学現役合格者を55名以上にする（前年度53名）。うち難関国立４大学及び国公立大学医学部医学科現役合格者を10名以上にする（前年度９名）。

かつて、小石川高校を中等教育一貫校にした遠藤隆二校長はこう語っていた。

「自己の利益や幸せしか考えない我儘の横行する社会の現状と、難関大学への合格者数を競い合っている教育界の現状に風穴をあけられるかも知れない。志望校に合格する受験力の育成にではなく、教育の軸足を真の人間力の育成と社会に貢献する人材、社会を牽引する機関車的役割を果たす人材教育におく必要があるのではないかと考える。新しい小石川（小石川中等教育学校）には、そういう人材育成の教育が求められているのではないかと考えた」（『小石川の新しい風―中等教育学校創設の記録』学事出版）

それからわずか6年しか経っていないが、現在の経営計画には、「難関国立4大学及び国公立大学医学部医学科現役合格者を10名以上」という数値目標がホームページ上で堂々とかかげられるようになったのである。

都立中高一貫校の進学対策

ただ、これは小石川高校に限ったことでない。白鷗でも両国でも、他の都立高校でも、進学校はみな学校経営計画に進学実績に関する数値目標をかかげている。東京都教育委員会の指導が強く入っているのであろう。

今から3年前の平成22年（2010）、東京都教育委員会は、「今後の都立中高一貫教育校の進学対策について」と題して、中高一貫校の進学対策の指針を公表している。

そのなかで、「中高一貫教育校においても、将来の目標実現に向けた生徒の多様な進学希望に対応するため、その一つとして、進学指導重点校と同様に難関国立大学等への進学希望に応える進学指導を行う必要がある」とし、「今後の都立中高一貫教育校の進学対策」として「都教育委員会は、都立中高一貫教育校が進学指導重点校、進学指導特別推進校及び進学指導推進校と同様に、組織的・計画的な進学指導を推進することができるよう、各校の進学対策の取組を支援していく。そのため、各校において、難関国立大学等への進学希望者に対する進学指導の充実を図るため、順次『進学指導推進計画』の策定などを通し、合格実績の向上を目指す」（『都庁報』Ｎｏ．５８９）と述べたのである。

つまり、はっきりと都立中高一貫校についても、日比谷高校や西高校と同じように東京都教育委員会が支援して進学対策に力を入れさせ、難関国立大学などへの合格実績を向上させるというのだ。

いずれにせよ、ここからわかるとおり、中高一貫校の当初のねらいは、確実に変化してしまっているのである。ただ、都立中高一貫校人気のすさまじさを見れば、この施策が都民の期待に合致していることもまた現実であろう。

なお、都立中高一貫校の人気に拍車をかけたのは、中高一貫校になってはじめて卒業した白鷗高校１期生達がはじき出した進学実績だといえる。いきなり現役で東大合格者が５

名も出たわけで、これでは確かに世間は驚くし、小学生の保護者達の目を引く。

また、都立の中高一貫校の最大の魅力は、やはりその学費の安さだろう。

中学校はタダ。高校だって授業料無償化（これからどうなるかわからないが、今のところ）によってタダ。6年間すべてタダなのだ。

対してもし私立に通ったらどうなるのか。平均すると中学校3年間で300万円、高校3年間で200万円近くかかる。

もし子供を二人も私立に通わせたなら、学費に塾代や生活費を含めると、ワンルームマンションがゆうに買えてしまう額になる。

しかも、学費がタダである都立の中高一貫校は、私立と同じように高校の授業内容を中学校で先取りして教えてよいことになっている。その結果として、進学実績も私立の上位校に匹敵する数値をはじき出している。

こんないいことずくめなのだから、人気が出ないほうがヘンであろう。結果、毎年9千人から1万人の都内の小学校6年生が都立中高一貫校に受検してくる状況になったのだ。

こうした都立中高一貫校人気のおかげで、割りを食っている学校もある。そう、公立中学校や私立中学校、私立の中高一貫校である。

都立中高一貫校の躍進を危惧する私学

平成25年度の東京都の学校基本調査において、公立の小学校に通っている都内の小学校6年生の数は9万4455名である。

もし今年も彼らが昨年同様に、都立の中高一貫校を受けると仮定すると、その数は約1万名になるので、なんと、公立の小学生の10％が受検する計算になるのだ。これは驚くべき数値であろう。さらにこのうち、成績優秀な子が1400名も都立中高一貫校に入学してしまうのだ。だから経営がかかっている私学にとっては、まさに死活問題だといえよう。

こうした状況に対し、日本私立中学高等学校連合会が会長・吉田晋氏の名で文科省の中央教育審議会初等中等教育分科会に「公立中高一貫教育校の入学者選抜における『学力検査』の取扱いについて」（平成23年6月）と題する意見書を提出している。

そこには、公立の中高一貫校に対する私学の怒りがよく表れている。

せっかくなので、この意見書を紹介してみたい。

意見書では、公立の中高一貫校が続々と増えているなか、適性検査の問題点について次のように指摘する。

「適性検査の出題は教科横断的に行われており、教科ごとの学力を判定するために行われる学力検査とは違うとの考え方の下に実施されたりしています。

しかし、説明はどうあれ、適性検査が学力判定の有力手段として機能しているのは紛れもない事実であり、多くの都府県では、申し合わせたように『適性検査』と言う同じ名称の選抜手段を導入していますが、これは、見方を変えれば、『学力検査』が法令上禁止されていることの共通認識の裏返しであり、さらにいえば、『適性検査』自体が不適正な検査であることの証左といえなくもありません。

所管行政や公立学校関係者側が如何に弁明しようとも、受験者側や社会一般では、適性検査を学力検査であると認識しており、そのための対策を指導する進学塾が都市部を中心に数多く存在し、公立中高一貫教育校に入学した子どもたちの大半はそこで受検のための技術を学んでいるのが現状です」

このように、実態として学力検査となっている公立の中高一貫校の適性検査について痛烈な批判を展開しているのである。

また意見書では、中央教育審議会の作業部会の席で、文科省の担当責任者が「適性検査が学力検査であることを認めた上で、今後の公立中高一貫教育校の入学者選抜のあり方を議論して欲しい」という発言をしたことに対し、それが事実だとすれば国会の付帯決議の趣旨に反していると反発、「文科省として先ず《ま》行うべきは、現在の事態の違法性を認めて開き直るのではなく、多くの都府県で行われているこれらの違法行為を即刻取り止めさせること」だと要求している。

ゆとり教育から転換した文科省が、実態として学力検査と化している公立中高一貫校の入学選抜を容認し、それに拍車をかけようとしていることに対し、怒りをあらわにしたのである。

さらに意見書は、公立中高一貫校は義務教育機関であり、学校運営費も税金で賄われているのだから、入学者選抜は一部の児童保護者の期待といった恣意的な世論でおこなうべきではないと述べている。

なおかつ、学校選択のさいに学力検査を課すことで、公立中高一貫校と一般の公立中学校で学ぶ子供達の間で、さまざまな格差を生じるではないかと、その非を訴えている。

くわえて、公立中高一貫校が「学校の成り立ちや費用負担の面で全く異なる私立中高の学校運営やカリキュラムだけを安易に模倣し追随するようなことがあるとすれば、それは自らの存在意義や担うべき役割を否定するだけでなく、多くの納税者や国民の理解は得られないと認識すべきです」、「それにも拘《かかわ》らず、現在進行しつつあるような方法で、このような社会の重要なしくみが意図的かつ済《な》し崩し的に変更されてしまうとしたら、『法治国家の明日』は危ういといわざるを得ません」と述べている。

法治国家の明日が危ういとは、なんとも大仰な物言いだが、この手厳しい文言からも、いかに私学が、公立中高一貫校の実態に怒りと危機感を覚えているかがひしひしと伝わってくるだろう。

確かに私学にとっては、公立の中高一貫校の存在は現在でも脅威になっているのに、そのうえまた、私学同様の学力検査を課すことになれば、完全に受験者が重なって大きな打撃を受けてしまう。これはなんとしても避けたいのだろうし、確かにこれは、私学にとってみれば公立の民業圧迫であろう。

周知のように、少子化の流れのなかで、中堅以下の私立は学校生徒の定員を満たすため、涙ぐましい努力をしている現状がある。もし生徒が集まらなければ公立と違って、廃校に追い込まれてしまうからだ。とくに大学などの大きな母体を持たないところは、非常に厳しい状況に追い込まれつつある。

そうした学校は、頻繁に小学生対象の学校説明会を開くだけでなく、模擬授業や部活動参加体験会などもたびたび実施し、さらに、学習塾や近隣小学校を回って自校をアピールする専門職員をおくなどして、懸命に生徒をかき集めようとしている。

また近年は、電車の中吊《づ》りや新聞広告などにも膨大な宣伝費を投入しはじめている。これはさすがに、公立の中高一貫校にはマネできない。

さらに、大手予備校や学習塾との提携も公立中高一貫校よりも進んでいる。極めて安い費用で校内で予備校の衛星授業を見させたり、塾の講師を呼んで進学講座や補習授業を展開しているのだ。千代田区立九段中等教育学校などはそれを導入しているが、都立中高一貫校では、大学生チューターの導入例はあるが、まだ本格的に塾は参入してきていない。

また、私学では非常勤講師なども動員して、通年で組織的に放課後講習をおこなっている学校も少なくない。それも部活動には支障が出ないように、夕方6時以降にスタートするのである。

対して都立の中高一貫校では、長期休業中の講習は進路指導部等が計画的に実施するが、通年でそうした講習を組織的におこなっている学校はないと思われる。というのは、私学の多くは放課後に講習をおこなえば教員に金銭が給与されるが、都立中高一貫校の教員は公務員だから、そうしたメリットはないからだ。ゆえに夏休みや冬休みくらいならよいが、教員の勤務が超多忙化し、金銭的保証も無いなかで通年で全教員に講習を強要するのは不可能なのである。さらに午後6時といえば、とうに勤務時間を超えている。教育公務員は超過勤務をしても一切残業代はつかない。そうなると、私学のような形態はますますとれなくなるのだ。

また、受験指導のテクニックを教える予備校の講座についても、私学のほうが盛んに自校の教員を参加させて専門性の向上をはかっている。場合によっては、校内に予備校の有名講師を招いているところもあると聞く。さすがに国民の税金で運営されている公立の中高一貫校では、校内に予備校の講師を招くのは難しいだろう。

いずれにせよ、私学に通わせたうえ、予備校にまで通うとなると、都立中高一貫校とは金銭面でさらに差が開いてしまう。それを少しでも埋めようと、私学はさまざまな努力をしているのである。

生徒に対する学習指導も、中堅私学はきめ細かく手厚い。高校生になっても毎日の学習計画をあらかじめ記入させ、それを担任が毎日チェックしているところもある。さらに、特進クラスや進学クラスなどをもうけ、優秀な生徒をターゲットにその学力をさらに伸ばそうとしているところが多い。中学校1年生から定期考査で上位40位（一クラス分）に入った生徒だけを放課後に集めて、週3回も先取り学習をおこなっている私学もある。こうして6年間で徹底的に能力の高い生徒の学力をさらに上げ、大学進学実績の向上をはかっているのだ。中堅以下の私学にとって、大学の進学実績の上下は死活問題になるからだ。

同時に、下位層に対しても、そうした生徒だけを集めて定期的に補講をする学校もある。ただ、下位層の扱いについては、公立も私学もあまり大差がないように思える。とくに私学にとっては、彼らの成績が多少上がっても、有名大学に入れるほど伸びてくることは稀なので、放置されることも少なくないのだ。

もしあなたが中堅程度の私学にお子さんを入学させたいと考えているのであれば、成績不良の生徒について、どのような対応をおこなっているかをきちんと調べたほうがよいと思う。そうしないと、6年間、放置されることになる。

ただ、放置といえば、難関有名私学のほうがもっとひどいといえる。東大合格者を二桁以上出している超難関私立中高は、入ってくる生徒の大半がもともと極めて優秀なので、何もしなくても勝手によい大学に受かってくれるのである。だから組織的に進学のための講習を通年でやっているところはほとんどなく、進学指導や生徒指導もかなりいい加減なところが多い。そうした学校に下位層として入学してしまうと、6年間、放置されたまま、三流大学へ進学することになる。だから本当は、保護者は子供の実力以上のところを高のぞみしないほうがよいのである。

さて、私学は、学校の施設の面でも努力している。校舎を改築するのは予算的に不可能だとしても、トイレを改修して洋式の温水洗浄便器に替えたり、ださい食堂をカフェテリア形式のおしゃれな外観に変え、メニューに多くのスイーツを導入したり、自動販売機の種類を増やしたり、ロッカーを子供達が喜びそうなカラフルなものにしたりしているところが多い。

制服や体操着についても、有名デザイナーに依頼してファッショナブルなものに改変したり、数種類の服から自由に選べるようにするケースも少なくない。制服が変わるだけで入試の倍率が跳ね上がることもあり、たかが制服といえども、6年間身につける制服は、子供達にとってはとても重要なのだ。

さらに近年、驚くべきことが起こっている。

都立の中高一貫校が生まれてからまだ10年経っていないが、そうした中高一貫校を立ち上げて実績を出してきた校長達が次々と私立の中堅校の校長に転身しているのである。東京都教育委員会は、中高一貫校においては他の都立高校よりも校長の裁量を大きくしている。そのため、校長のなかには極めて卓越したリーダーシップを発揮してきた人がいる。そうした経営手腕が買われ、私学に校長として引っ張られているのである。その数は一人や二人ではない。続出しているといってよいだろう。そして今後も後を絶たないはずだ。最大のライバルをトップにすえる。私学もなかなか大したものだといえる。

さらにいえば、今後は都立の中高一貫校の教員についても、有能な人物は私学の中高一貫校に引き抜かれることになると思う。とくに雑務が激増して多忙化するなかで、それに応じる教員も少なくないはずだ。教員の質については詳しく別項で話すが、東京都教育委員会も、このまま教員の苛酷な勤務実態を放置していると、有能な人材が流出していくということを、懸念すべきではなかろうか。

一般的な公立中学校との不公平感

確かに、私学にとっては、公立の中高一貫校の存在は大きな脅威であろう。

いずれにせよ、国会の附帯決議によって公立の中高一貫校が認可されたという経緯があり、やはり、「ゆとり教育」という根本的なねらいが変質してしまった今日、エリート校化の方向へ進むか否かにかかわらず、公立の中高一貫校のあり方については国会の場で議論をする必要があると思う。

とくに、公立の中高一貫校がエリート進学校化し、私学と受験層が重なる状況のなか、当然のことだが、学費の面で私学は圧倒的に不利な条件を背負ったまま、公立の中高一貫校と戦うことを余儀なくされている。今後少子化が進むにつれ、経営が傾いてしまう私学も続出してくるだろう。とくに東京都の場合は大変厳しい状況が予想される。

学校群制度が導入されて以降、都立高校に代わって私学が、東大をはじめ国立難関大学や有名私立大学合格者の圧倒的多数を輩出するようになった。もちろんそれは、さまざまな工夫と努力を重ねてきた結果でもある。そんな私学に対し、再び、中高一貫校として復権を果たした都立高校が、「タダ」という強大な武器を持って肉薄してきているわけだ。

そういった意味では、私学にも公立の中高一貫校と互角に競える環境を文科省や東京都は用意すべきではなかろうか。

その手立ては、すでにある。大阪府が一つのモデルとなりうる。大阪府では、私立高校に通う生徒に対して補助金を出し、府立高校と変わらない経済的負担で通学できるようにしている。金銭の補助。これならば、簡単にできるはずだ。

ただ、被害者は私学だけではない。公立の中学校も都立中高一貫校が生まれたお陰で、学力上位層を吸い取られている。

なのに公立中学校では、中高一貫校で許されているような大幅な先取り学習は許されていない。これは、大いに不公平である。

「では、この不公平さをなくすため、公立中学校にも同様のカリキュラムを許せばいいじゃないか」

そう思う方もいるかもしれない。だが、ことはそう単純ではないのだ。

公立に行けばわかるとおり、学力が高い子が主に集まる都立中高一貫校とは全く教育環境が異なっている。勉強が嫌いな子や日本語もよくできない外国籍の子などもいる。また、じっと机に座っていられない子も少なからず存在する。そうしたなかで、学習進度を速めたり、高校の内容を教えることは、事実上、不可能なのである。

むしろ、教員を増員したり塾と提携したりして、放課後に高校受験のための講習などを積極的におこなえる予算を配布するなど、進学校を希望する子の学力を保証する支援策を大々的に進めたらどうだろうか。また勉強が苦手な子に対する補習などにも補助を出すべきだと思う。

いずれにせよ、都立の中高一貫校人気の陰で、被害をこうむっている私学と公立中学校に対しては、なんらかの支援策を打ち出す時期にきているのではなかろうか。

本当に都立の中高一貫校はお買い得なのか

「都立中高一貫校に通うメリットは何か」

そう尋ねられて、「高校受験がなく、ゆとり教育で6年間ゆっくり生活でき、高い教養を身につけることができる」と答える人は、今はまずいないだろう。わずか10年前とは、世論は大きく変わってしまったのである。

現在の受検生とその保護者は、その大半が都立中高一貫校に入って高い学力を身につけ、難関有名大学に入ることを期待している。

だが、果たして都立中高一貫校に入れば、本当にその願いは実現するのであろうか。

本項では、その一番気になる部分について語っていこう。

14倍という高倍率を勝ち抜いて白鷗高校附属中学校に入ってきた160名に、高校から入ってきた約80名を加えた約240名が、平成22年3月に白鷗高校を卒業していった。

周知のように、その進学実績は「白鷗ショック」と呼ばれるほど、世間に衝撃を与えた。いきなり、東大現役合格者が5名も出たからである。さらに東京工業大学に3名、一橋大学に２名、あわせて難関国公立大学（東京都教育委員会のいう難関国立大学は、東大・東工大・一橋大・京大・国公立大医学部をさす）に10名が合格したのだ。さらに、早稲田大学には37名、慶応大学には15名、上智大学には14名が延べ人数で合格した。

その前年に東大合格者は１名も出ておらず、早稲田が６名、慶応が３名、上智が０名だったのと比較すると、その差がいかに大きいかがわかるであろう。

ただ、ご存じのとおり、私立大学には数字のマジックがある。国立大学は原則一つしか合格できないが、私立大学はいくつ受けてもかまわないし、複数合格している生徒が大半だ。１期生（中高一貫校の最初の卒業生）の国立大学合格者は46名である。

そのうち多くが私立も併行して複数受験しており、その大半が早慶上智、ＧＭＡＲＣＨ（学習院・明治・青山学院・立教・中央・法政）レベルの大学に合格しているのである。

１期生の合格大学を単純に足し算すれば、２４０名のほとんどがＧＭＡＲＣＨ以上の大学に入学したように見えるが、それは正しくない。

白鷗は、他の都立高校と比較して現役進学率が非常に高いが、それでも20％以上が浪人することになった。しかも浪人を決めた生徒のうち、現役でＧＭＡＲＣＨ以上に受かっていて、それでもさらに上の学校を目指してもう一年がんばろうという生徒はほとんどいないと思われる。また、5％弱は、短大・専門専門学校など別の進路を選んでいる。

さらに現役で大学に進学した生徒（70％強）のうち、じつは半数程度は日東駒専（日本・東洋・駒沢・専修）と同等かそれより偏差値の低い大学に入学しているのである。

つまり、浪人を含めたトータルの数で考えると、1期生の半数以上は、現役でGMARCH以上には合格することができなかったのである。

東大5名、難関国公立大学10名合格という輝かしい成績ばかりが強調されているが、その実態を詳細に見ていくと、それほど上位層が厚くないことがわかるだろう。そしてさらにいえば、この進学実績は、白鷗高校の最盛期であった昭和50年代にはとても及ばないし、一貫校になる以前（平成4年から14年）の白鷗の進学実績と大して変化していないのである。

日比谷高校などの進学重点校との比較

白鷗高校が卒業生を出した翌年、小石川中等教育学校の1期生が卒業した。改編前、白鷗高校よりずっと進学実績が高く、はじめての中等教育学校（6年間、外部から入学者を入れず、そのまま一貫教育をおこなうタイプ）ということで、世間は大いに注目していたが、東大合格者は予想に反して現役で4名しか出なかった。白鷗より少ない。

その他、難関国立や有名私立の合格者数についても、あれだけ倍率の高い適性検査をくぐり抜けてきたにもかかわらず、中高一貫校に変わる前と比べて飛躍的に進学実績が伸びることはなかったのである。

その後も、都立の中高一貫校は卒業生を増やし続けているが、現役浪人あわせて5名前後しか東大合格者を輩出することができていない状況が続いている。

なおかつ、白鷗と両国と小石川の各高校は、立地場所が互いにそれほど離れておらず、九段高校を含めて4校が受検生を食い合う状況も生まれている。とくに、最初に中高一貫校になった白鷗高校は、両国、小石川、九段というライバルが現われたことで上位層の受検生が減り、年々、進学実績が低下してきている。

たとえば、白鷗の1期生と3期生を比較してみると、それははっきりわかる。

1期生は5名の東大合格者を出しているが3期生は現役で4名。難関国公立の合格者数も10名から6名となり、国公立大学の現役合格者も46名から40名に減少している。私立についいては単純に比較できないものの、早稲田は37名から25名、慶応は15名から11名、上智は14名から6名に現役合格者の数が減っている。明らかに白鷗では上位層が薄くなっていることが見て取れるだろう。

なお、今年（平成25年）の小石川中等教育学校の現役の進学実績も見てみよう。東大は2名。一橋2名。東工大2名。医学部医学科3名を加えると難関国公立大の合格者は9名だ。早稲田は35名、慶応が24名、上智は13名となっている。

これに対して、予算や教員の数が中高一貫校より恵まれている進学重点校である日比谷高校と西高校はどうなのだろうか。

まず日比谷高校だが、平成25年の東大合格者が現役で14名、浪人をあわせると、なんと29名にものぼる。現在、都立中高一貫校で卒業生を出しているのは4校。そのうち平成25年の東大合格者は現役・浪人あわせて、白鷗が5名、小石川が5名、桜修館が6名、両国が5名。合計すると21名だ。東大合格者の数でいえば、都立中高一貫校は全部あわせても、進学重点校である日比谷高校1校にも及ばないことがわかる。

さらに日比谷高校は現役と浪人あわせて東工大で4名、一橋10名。国公立の合格者数は174名（現役で91名）だ。なお有名難関私立は、現役だけでも早稲田に108名、慶応に102名、上智に42名の生徒が合格している。

西高校の場合も東大の現役合格は18名。浪人もあわせると34名だ。さらに現役・浪人あわせて東工大は13名、一橋が23名で、国公立の数は１８５名。私立についても現役のみの数で早稲田１０８名、慶応48名、上智は23名となっている。

いずれにせよ、こうして改めて都立中高一貫校４校と進学重点校のトップ２校を並べてみると、その進学実績の差は一目瞭然であろう。とくに難関の国公立大学の数は、３倍の開きがあり、上位層が分厚いことがわかる。

そういった意味では、じつは、公立の中学校でしっかり学び、塾などに通って実力をつけて進学重点校に入学し、そこで勉強したほうが難関有名大学に入る確率は高いのである。

都立中高一貫校の問題点

それにしても、いったいなぜ、あのような高倍率をくぐり抜けて中高一貫校に入り、中学から先取り学習ということでどんどん高校の内容を学びながら、進学実績において日比谷高校や西高校に全く歯が立たないのだろうか。

それについては、いくつか思いあたる節がある。

まずは、入学者選別の主な判断材料となっている適性検査に遠因があると思う。

学力検査を課してはいけないという制限された条件のなかで、都立の中高一貫校の教員達が毎年大変な苦労をして、学力検査とは異なる適性検査問題を作成している。

この検査は思考力・判断力を見るということで、児童が頭をひねって長い時間をかけて答えを導き出していくものだといえる。確かに良問ではあるが、そんな思考力は、今の大学入試制度ではそれほど必要とされる力ではないのだ。

やはり、難関大学合格のためには教科の力や暗記やスピードが求められる。つまり、大学の進学実績を上げるのであれば、都立の中高一貫校も私立中学校の入試で出題されるような設問、あるいは都立高校の入試で出題されるような、短時間で答えの出る教科別の問題で選別するべきなのだ。

もちろん、そうなってくると、公立の中高一貫校のあり方を根本的に見直さなくてはならないが……。ともあれ、あのような適性検査によって、難関有名大学に合格するにはふさわしくないタイプの児童が一定数入ってきているという現状があるのではないかと思われる。

もう一つは、進路選択が早すぎるという問題点があると思う。本当に本人の意志で、自分は中高一貫校に行きたいと考えているのだろうか。

生徒と話してみると、「自分は小学校の友達とそのまま地域の公立中学校へ行きたかったのに、親が勝手に決めてしまって仕方なく受検して入学した」という生徒が少なからず存在する。

地域の友人とのつながりを断たれ、全都から集まってくる優秀な子供達のなかに放り込まれる。となれば、新しい環境になじめない子が出てくるのは当然だろう。その結果、学習意欲をなくしてしまうケースもあるはずだ。くわえて、学習進度の速さと先取り学習もやる気をなくすのに一役買っているのではないだろうか。

中高一貫校では、学力が高いという前提のもと（現に大半は非常に優秀である）、各教科の学習進度が速くなる傾向がある。

さらに、高校の内容の一部を中学校でも教えてよいということになっているから、大学受験も見すえた先取り学習が一般的になっている。

私も中学生に歴史を教えていたが、かなり高度な内容だったと思う。きちんと習得すれば、きっとセンター試験で平均点ぐらいとれる中身を教授していたはずだ。

中高一貫校の中学生達は、自分の頭でじっくり考えて答えを出す適性検査で受かってきている。ゆえになかには、速くて高度な授業についてこられない生徒もいるのだ。しかも、課題は毎日山ほど出るから、予習と復習だけでアップアップとなり、中学の3年間で授業に完全においていかれ、高校に上がるころには、「もし外部から受験したら、絶対にこの学校に合格するのは無理だろう」と思われる生徒達も一定数現われてくる。

中高一貫校ゆえのなかだるみ問題

また、中高一貫校ではなかだるみの問題も深刻だ。

「ゆとり教育」時代に生まれた公立の中高一貫校は、中学から高校へ上がるのに入試がない。本来なら、中学校3年生のときに、必死に5教科を学んで受験という高いハードルを越えるべきところを、それをしないわけだ。ために、中学3年から高校1年にかけて、のんべんだらりと過ごし、学習への意欲も乏しくなってくる傾向が一部に見られる。これについては、すでに「ゆとり教育」から脱却して「確かな学力」をうたっているわけだから、文科省も一貫校で高校入試を義務づけ、あまりに成績がかけ離れている生徒については、他校への進路変更を働きかけることを容認すべきではなかろうか。

とくに中学校3年生段階で、完全に落ちこぼれてしまっている場合、基礎・基本に力を入れ、進度がゆっくりで丁寧な高校へ移ったほうが、生徒本人のためである気がする。なお、その場合、該当生徒については、無試験で都立高校を自由に選べる権利を与えてもよいと考える。

また、併設型の中高一貫校の場合、公立中学校などから高校段階で入学してくる生徒がいる。この生徒達の学力についても少なからず問題があるといえる。

一般の公立中高一貫校の紹介本で公開されているので、あえていうまでもないが、いわゆる高入生（高進性）の進学実績は、中入生（中進生）に比べて格段に低い。

前述したとおり、7倍から8倍の倍率をキープしている中学の適性検査に比較すると、中高一貫校の高校入試の倍率は、1倍から1・5倍程度である。その結果、こうした学力格差が生まれてくるのである。

校内における生徒の学力の差は、公立の中高一貫校ではまことに深刻である。高校入試を経て、比較的均一の学力を持って入学してくる一般の都立高校の生徒と比較して、高校段階で選別されない中入生のトップ層と下位層の学力差は極めて大きくなる。さらに併設型の場合、これに高入生が加わる。そうなると、同じ高校の生徒とは思えないくらい、学力の差が開いてしまうのだ。

もちろん、トップ層だけに焦点をしぼった授業などできないし、公立の学校としてそれをしてはいけないと思う。すべての子にわかるように授業をすべきであろう。が、現実問題、そんな授業を展開するのは到底不可能だ。

だからこそ、できない生徒に補講する。できる子には学力アップのための講習をする。そんなことで、じつは現場の教員はてんてこ舞いなのである。

たとえば私は、高校3年生を担当した年には、長期休業中の夏季講習だけでなく、毎週1回1時間半の放課後講習をおこない、2学期以降は、土曜日にも講習をおこなっていた。これによって成績を伸ばそうと努力したのだ。

一方、日本史が苦手な生徒については、一人一人事情を尋ね、課題を与えるだけでなく、テスト近くになったら、重要なポイントを復習する補講をおこなっていた。

このような努力をしている教員は私だけではない。白鷗高校の教員には、同じように補講や講習などに多大な時間を割いている人が少なくない。

だが、じつはこれが、大きな問題なのである。別項で述べたように、私学と違って、通年の講習や補習については、進路指導部が組織的におこなう体制ができていない。教員が公務員という制限があるためだ。

だから、やりたい人、熱意のある人が、個別に実施しているという状況になっている。しかも、他教科の教員間の連携がない。だから熱意のある教員が学年の教科のなかに3人も4人もいると、生徒は大変な状況に陥る。授業の予習・復習に加え、各教科から出される莫大《ばくだい》な課題をこなしつつ、毎日講習を受けなくてはならないからだ。しかも高校三年生の夏までは部活動もある。1日は24時間しかないのだから、これは生徒にとって苛酷だ。

私は、講習を高校3年生（6年生）の希望者だけに限っていたが、なかには一人一人生徒に誘いをかけて高校1年生の段階から多数の生徒を集める教員がいたり、あるいは、毎日欠かさず講習をおこなうというスゴイ先生も存在する。これは、白鷗高校として誇れることである一方、学力の低下が起こるという矛盾した事態を発生させている。

講習をやってくれる先生の科目ばかりを熱心に勉強して、他教科がおろそかになってしまうのである。しかも、講習をおこなうのは、比較的英・数・国の教員に多い。

そしてこの状況はそのまま、高校3年次まで継続していくことになる。

もともと現役の受験生が主要三教科に力を注ぐのは常識であるが、国公立大学や私立大学に関係なく、秋以降に理科や地歴・公民科に主要三教科と同じくらいに力を入れるのが一般的である。ところが生徒達は、熱心に講習をしてくれる先生の期待に応えようと、その教科ばかりを学習するようになり、結果としてセンター入試まで他教科の学習が完了しないという事態が少なからず起こっているのである。

もともと現役高校生は、浪人生と比べて、理科と地歴・公民科の成績が格段に低い。その差を埋めることが、じつは入試の合否を左右する重要なポイントなのだが、このように教員の熱心さがあだとなるケースもあるのだ。

おそらく、他の都立中高一貫校においても、同じような状況が発生しているのではなかろうか。

生徒達をなんとか志望校に受からせてやりたい。だから熱心に講習をおこなう。そうした教員の熱意というのは、すばらしいことである。それを進学実績に反映させるためにも、校内の進路指導部が一手に補講や講習、課題などを把握し、学校全体のバランスのとれた学習計画を編成していくことが重要だと思われる。

教員達の過酷な勤務実態

ところで、近年の中学校や高校では、教師はさまざまな雑務が増えてしまい、今現場では極めて多忙な勤務実態が常態化している。じつは、そうしたなかでもとくに中高一貫校は多忙だといってよい。

私が都立高校を離れた理由の一つに、年々多忙化する勤務状況も関係していた。白鷗高校での9年間、私は担任をし続け、3回の卒業生を出したが、最後は中高一貫校になってからの生徒であった。

だから、担任業務がいかに年々大変になっているかを、よく認識することができた。とくに一貫校になる前と比較すると、生徒に対する指導が手厚くなっている。これはおそらく、担任持ち上がり制に一因があると思われる。都立の中高一貫校では、担任が基本的に6年間持ち上がることが一般的だ。

もちろん、気心が知れた先生が最後まで面倒を見てくれることで、生徒のほうでも安心だと思う。

しかしながら担任団にとっては、ちっちゃな中学校1年生から丁寧に面倒を見てきた子供達なのである。ゆえにその丁寧さは、そのまま高校に進学しても継続していく傾向が強い。私は高校籍の教員なので、比較的生徒の自主性を尊重し、あまり細かいところまで指導をしない。いってみれば、いい加減なのである。

ただ、これは得てして高校教員の一般的傾向でもある。

世間では、中学と高校の教員は同列に扱われているが、じつは、生徒の発達段階で指導の仕方は大きく異なり、その結果として、教員文化もかなり違っているのだ。

いずれにせよ、生徒指導に対する丁寧さとその熱意が高校になってからも継続されることになる。また、保護者や生徒も学校や担任団が変化しないため、それを期待する傾向がある。その結果として、担任の負担はおのずと増えていくのである。もちろん、生徒にとってはよいことも多いが、自立させるという面では、私は少々問題があると考えている。

高校入試がなくてなかだるみ傾向が強い一貫校の生徒にとっては、高校段階で思い切って担任団を一新することも、一つの方策ではなかろうか。

さらに、中高一貫校になってから、進学指導の時間が格段に増えてきた。さまざまな進路に関する講演会や行事があるだけでなく、保護者会、生徒との二者面談、三者面談などが頻繁におこなわれるようになったのである。

とくに毎年三者面談は、クラスの生徒全員とおこなわなくてはならないことになっていた。しかも、かなり長時間の話し合いに及ぶ場合も少なくない。さらに、仕事をしている保護者が多いから、先方の都合で面談が夜になることも少なくない。なのに、2週間程度で40名以上をこなさなくてはならないため、本当はやってはいけないことなのだろうが、修学旅行の代休や休日をつぶして、学校に来ては三者面談をこなしたこともある。まあ、退職した今だからこっそり言うが……。

おそらく他の中高一貫校も、同じような多忙さをかかえているはずだ。

それは、教員仲間で研修会などがあると、一様に多忙さを訴えるのが中高一貫校の教員なので、実感として間違っていないと思う。

いや実感だけではない。文科省のアンケートにも、はっきり中高一貫校は教員の負担が大きいという調査結果が出ている。

文科省のホームページで「中高一貫教育校における異年齢集団の活動や教職員の負担への対応について」（平成23年3月）、「中高一貫教育制度に関する主な意見等の整理」（平成23年7月　中央教育審議会初等教育中等教育分科会　学校段階間の連携・接続等に関する作業部会）という資料があるので、興味のある方はそちらをじっくり閲覧《えつらん》することをおすすめする。

教員の平均在勤年数が3・3年という現実

白鷗高校の元校長佐々木正文氏は、『創立百二十周年記念誌』（平成20年）の発刊の言葉のなかで、次のように述べている。

「近年特に教員の異動が激しく現教員の本校在勤務平均年数が3・3年という状況で伝統をはじめこれまで白鷗のために尽くされてきた方々の考え、また具体的な指導方法などを学校全体で真に理解し継承していくことが難しくなってきていることも事実です」

佐々木元校長の言葉は、白鷗高校が中高一貫校に生まれ変わって3年目のことである。

都立高校の教員は、原則6年しか同じ高校に在籍できない。とはいっても、「本校在勤務年数3・3年」というのはあまりに異常な数値だといえる。

都立高校の教員は、特別な事情がない限り、最低3年間、同じ学校で勤務しなくてはならない。すなわち「本校在勤務年数3・3年」ということは、着任したとたん、すぐに嫌気がさして最短で異動したいと願っている教員が多くいることを示している。

その理由の一つに、勤務の多忙さや負担の大きさがあることは間違いないだろう。その結果、今後、中高一貫校がどういうことになるかを一つだけいっておこう。

明らかに教員の質が低下してくるはずだ。

実際、私が着任したころは、定年退職前の50代の先生達が大半だった。それも多くの先生が、学校の主のように長年勤務していた。

じつは白鷗高校のような伝統校は、当時は「上がり」の学校だったのである。双六《すごろく》ゲームの上がりという意味だ。

都立高校の教員は若いころは、かなり大変な学校を経験させられる。そして教員人生の最後に、生徒もまじめで優秀で、比較的楽な学校で定年を迎えることになるのが一般的だったのだ。それが今、白鷗の教員の多くが20代、30代になってしまった。まさに激変である。一般の中学、高校でもその傾向が見られるが、団塊の世代が大量に退職したことで、20代で進学校に配置されるケースは、今でもそれほど多くないはずだ。

若い人だって、すばらしい先生がいるではないか。そう思うかもしれない。確かにそのとおりだ。とくに白鷗には、ずば抜けた力量を持つ可能性を秘めた若い先生が大勢いる。だが、教員というのは、ある意味、経験値がものをいう職業なのである。とくに進学に向けた教科指導や進路指導などは、そう簡単にできないのだ。

私は30代後半で白鷗に配置された。これは当時としては、かなり若いほうだった。すでに参考書などを書いていたので、そういった意味では、私も優れた教員だと自負していた。が、それでも有名大学の受験指導ははじめてだった。とまどうことばかりで、同じ日本史の先生に頼み込んでその先生の自作のプリントを参考にしたり、教え方を尋ねたりして、きちんと指導できるようになるまで3年近くかかった。その間、暇があれば話もせずに教材研究のために机に向かい続けており、同僚の先生方に呆《あき》れられたのを覚えている。

中高一貫校に応募する教員の質

進学校では、担任の進路指導が極めて重要になってくる。私は担任を何度も経験しているからこそ、三者面談で受験校を決定するさい、どこの大学のどの学部のどの入試形態がこの生徒に向いているかまで、はっきり指導できるのである。ここまでになるには、少なくとも数年は必要なのである。

そういった意味で、20代30代が中心で、3年ちょっとで、どんどん異動してしまうような愛着のない学校で、教員の質が上がるわけがないだろう。

なお、きちんといっておかねばならないが、これは白鷗だけの問題ではない。おそらく、他の都立の中高一貫校も同じような状況になっていると思うのだ。

私は退職する前、校長から「退職されるのであれば、進学指導ができる日本史の教員を紹介してほしい」といわれていた。

じつは、都立の中高一貫校は、教育委員会が一括して教員の公募をおこなっている。都立高校や都内の公立中学校の教員のなかから中高一貫校に行きたい教員を募り、面接や模擬授業などを経て、採用していくというシステムだ。

だが、公募を受けてきた教員だって、できるだけ合格したいから、面接のときに自分の力を過大にいう傾向がある。その結果、じっさいに採用して教科指導をさせてみたら、指導力が不足していたというケースもあると聞く。

いくら校長といえども、すべての教科に精通しているわけではないから、ミスマッチな教員を連れてきてしまうこともあろう。

なおかつ、噂では、公募はそれほど高倍率でないようだ。というのは、公募を受けていない人が普通の異動で中高一貫校に配置されてきているからだ。さらに、一貫校の公募に応募してくるのは、教育困難校からの教員が多いという噂も聞く。

「授業が成り立たない学校から早く脱出したい。でも進学指導には自信がないから進学重点校は無理。中学生なら教えられるから中高一貫校にしよう」と考え、応募するのかもしれない。

つまり、校長が自分の専門と異なる教科で、力量も定かでない人を自校に引っ張ってくるのは、かなりのリスクなのだ。だからこそ、私に教科指導のしっかりできる教員の心当たりを打診したのだろう。同じ教科であれば、研究会や研修会などで会う機会が多く、互いに専門教科の力量をよく知っているからだ。

いずれにせよ、公募制を敷いているから、白鷗高校に該当の先生に着任してもらうためには、まず、中高一貫校の教員公募に応募してもらわなくてはならない。応募してもらってはじめて、選考の対象になるからだ。

私はヒラの教員なので、その後、どのような過程で教育委員会が選考をおこない、人事が決定されるのかわからないが、結果的に、私は校長の期待に応えることができなかった。数名に声をかけたり、知っている校長にいい人を紹介してもらったりしたが、全員に断られてしまったからである。

その理由は、いずれも「中高一貫校は忙しいうえに、中学生に教えなくてはならないから」ということだった。

高校の教員にとって、中学生を教えるというのは未知の領域であり、非常にハードルが高いのである。だが、中高一貫校である限り、一度も中学校で教えないですむということは通常ありえない。さらに、中高一貫校（併設型）では、適性検査の問題に加え、高校の入学試験（英・数・国）を自校で作成する。これも教員の大きな負担なのである。

力量のある教員から敬遠される中高一貫校

なお、高校籍の教員が多い教科の場合、誰が中学校の授業を持つかでかなり熾烈《しれつ》な争いが展開される場合があるようだ。

教員の世界は平等などといわれるが、そんなことはない。

管理職からの圧力が少ないぶん、主張の強い人が楽をする世界である。人がいい教員や温厚で拒否できない人が割に合わないことをやらされる職場なのだ。もちろん、主張の強い人が民主的で公平であれば、担任や教科、分掌の仕事分担はかなり公平になるが、自分だけ楽をしようと考えている人がリーダーシップを発揮すると、信じがたい不平等がそこに生まれる。

そういった意味では、東京都教育委員会も、教員を管理するという観点からではなく、すべての教員が公平に仕事を分担できるよう、何かしらのチェック機能を働かせるべきではなかろうか。

それをするのは、それほど難しいことではない。おそらく教育庁の職員を数人派遣して、これまでの教員の担任・分掌などの職歴を半日ほどチェックすればよい。

なぜこの先生だけが、5年間も担任をやらず、しかも分掌の中心になっていないのか。どうしてこの先生だけが、毎年、中学校と高校の授業を両方持たされているのか。なにゆえ着任して5年も経つのに、この人は一度も適性検査の作問委員をやらないのか。

そういったことは、履歴を見れば一目瞭然になる。

いずれにしても、中高一貫校は教員が定着しない傾向が強く、力量のある先生から敬遠されているのが実情なのである。もちろん、中高一貫校にだって、教科書や参考書を執筆したり、ユニークな授業で表彰されるような人もいる。余暇を利用して自分のお金で大学院に通い、さらに高い専門性を身につけようとしている人もいる。ただ、一般的な傾向からいって、専門教科で指導力のある先生は、進学重点校を目指す傾向があるのである。

ともあれ、これは都立中高一貫校にとって、非常に憂慮すべき状況だといえる。はっきりいって、教育で一番重要なのは施設ではない。教師なのである。

それは、現存する松下村塾《しょうかそんじゅく》をみれば一目瞭然だ。松下村塾の講義室の広さはわずか8畳。うしろに粗末な生徒の控え室があるにすぎない。そんな片田舎にある質素な建物から、吉田松陰はわずか2年間で偉大な人間を次々と輩出していったのである。力のある先生が、負担を感じることなく思う存分その能力を振るうことができる学校。それが今の都立中高一貫校にもっとも求められているところではなかろうか。

以上、最後にいくつか都立中高一貫校の問題点をあげてみた。

もし今私が述べたところをきちんとクリアできたとしたら、おそらく都立中高一貫校は、飛躍的に進学実績を伸ばし、日比谷高校や西高校など進学重点校に肩を並べる存在になるはずだ。

ただ、今の状況のまま変わらないとしたら、あれだけの受検の高倍率を誇りながら、この先もずっと都立高校の二番手として、存在し続けることになるであろう。

都立小中高一貫校計画と大学入試改革

最後に、新しい動きを紹介して本書を閉じたいと思う。

平成25年（２０１３）、東京都教育委員会は、「都立小中高一貫教育校基本構想検討委員会」を設置した。都立の小中高一貫校を日本ではじめてつくるためである。

発端は同年2月、猪瀬直樹都知事が都議会での施政方針において、都立の小中高一貫教育校の設置を検討すると表明したことにある。

猪瀬知事は、受験で区切られることなく12年間の教育活動が展開でき、そのなかで先取り学習や飛び級などもできる理数系分野を重視する小中高一貫教育校の設置を希求した。

これを受けて設置された「都立小中高一貫教育校基本構想検討委員会」は、４回の会議を開いて、８月に東京都教育委員会に中間報告書を提出した。

その中身はホームページ上で見ることができるが、いったいどのような構想を持っているのかをかいつまんで説明したい。

まず設置のねらいであるが「理数を中心に、世界に伍《ご》して活躍できる人間を育成するため、児童・生徒一人一人の潜在能力を最大限に引き出す新たな教育モデルを構築する」ことにあるとする。そしてこの小中高一貫教育校では、「理数分野における優れた資質や能力を高め、将来、我が国の科学技術の発展をけん引するとともに、世界に貢献し得る人間」を育てるのだそうだ。

幼少から英才教育をおこない、科学技術の分野で世界的に活躍できる偉人を育てようという計画らしい。

すでに設置される目標年度も決まっている。平成29年度だ。

設置場所は、旧都立芸術高校跡地と都立武蔵高等学校附属中学校である。

しかも、6・3・3制という学校体系も崩し、4・4・4制にするのだという。

基礎期（小学校1年生〜4年生）、拡充期（小学校5年生〜中学校2年生）、発展期（中学校3年生〜高校3年生）というかたちにし、さらに首都大学東京などの大学とも連携していくという。

また中等教育学校の形態ではなく、併設型として他の学校からも生徒を入れ、人間関係の固着を防ぎ、学校の活性化をはかるそうだ。

近年、私学では小学部の設立が相次いでいる。これは、明らかに都立中高一貫校に対抗しようとしているのだと思われる。ところが東京都でも小中高一貫教育校をつくるといい出したわけで、私学はますます警戒の念を強めているはずである。とりあえず1校ということで、影響はそれほど大きくなかろうが、その数が今後増えてきたら、今度は幼小中高一貫教育校をつくって対抗するのであろうか。

さて、こうした東京都教育委員会の動きとともに、政府のほうでも大きな動きを見せた。それが、教育再生会議の大学入試改革の提言である。

現在のセンター入試を廃止し、高校での学習到達度を確認する基礎学力テストとセンター入試に代わる新共通テスト（大学入試用テスト）を導入し、どちらも在学中の複数回受験を可能にするというものである。

さらに、国公立大入試の個別試験（いわゆる2次試験）を廃止し、なんと、人物評価を重視した面接などを導入して合否を決めようという提言もおこなったのだ。

もしこのように、入試制度がこれまでとは抜本的に変わってしまうと、知識偏重で暗記中心の大学入試が大きく変貌し、結果として進学校と呼ばれる学校は、これまでの授業形態を根本的に変えなくてはならなくなるはずだ。

そうなってくると、もしかしたら、問題解決学習が得意で思考力や判断力を問われて入学してきた都立中高一貫校出身の生徒達のほうが、日比谷高校や西高校といった進学重点校より、大学の進学実績を上回る日がくるかもしれない。もちろんそれは、少なくとも10年以上先のことであろうが。

以上、これまで詳しく都立の中高一貫校について、その誕生から教育の中身、さらに私学や都立の進学重点校と比較しながら見てきたわけだが、読んでいただいてわかるとおり、人気絶頂の都立中高一貫校ではあるが、すべてよいことずくめでないことをご理解いただけたと思う。

そうした実態をふまえたうえで、あなたのお子さんを受検させるかどうか、それをじっくり考えていただければと思っている。

あとがきにかえて

今年（平成25年）の3月、24年間勤務した東京都の教員を退職した。

その理由で一番大きかったのは、やはり生活が多忙すぎたことだと思う。年々忙しくなる教員の仕事をしながら、併行して文筆業を続けるのが困難になったのである。

ただ、理由はそれだけではない。

公務員であることのしばりに窮屈さを感じたこともその一つだ。

自由に文筆や講演活動ができないことに加え、大っぴらに教育に対する発言ができなかった。現代の教育については、四半世紀の経験をふまえていいたいことが山ほどあった。しかしながら、やはり現職の教育公務員であることで、そうした発言を飲み込まなくてはならなかったのだ。

それが今、ようやく解き放たれたのである。

そういった意味では、本書は自分にとって、記念すべきその第一弾となる。

私が教師になろうと思ったのは、本文で述べたとおり、TBSドラマ「3年B組金八先生」に触発されたからであった。

当時、多くの学校で校内暴力の嵐が吹き荒れていた。私が通っていた東京都町田市立忠生中学校もひどい状況であった。その母校では、私が卒業した2年後に生徒の暴力を恐れた教師がナイフで生徒を傷つけるという衝撃的な事件も起こった。

そうした時代背景のなかで、私は金八先生という、決して生徒を見捨てない熱血教師に強く憧れた。また、高校時代に金八先生が敬愛する坂本龍馬を知り、ぜひ龍馬を研究したいと思って大学の史学科に入り、歴史の魅力に取りつかれて、そのまま東京都の日本史の教員になった。

今考えてみれば、まことに単純な発想の持ち主だと呆れてしまう。

幸運にも私は、現役で東京都教員採用試験に合格することができ、平成元年（1989）4月に入都した。当然、高校で日本史を教えるものだ、と思い込んでいた。だが、私が採用されたのは養護学校（現在の特別支援学校）であった。

私は、考えてもみない現実の前に愕然《がくぜん》とした。いったんは東京都の採用を断って、大学院生に転身しようと、大学の教授に相談したこともある。だが、次に入都できる保証もないので、渋々養護学校に着任することになった。

入ってすぐに高校1年生の担任となったが、生徒達の障害についての知識も全くなく、また摂食指導や排泄《はいせつ》補助などもはじめての経験だった。しばらくは精神的に厳しい状況が続いた。

文字を書くことさえできない生徒がいるなかで、通常の日本史の授業などできない。そうした欲求不満が、やがて私を郷土史研究に進ませ、その成果を寄稿して賞をいただき、歴史作家への道を歩ませることになったわけだ。

そういった意味では、人生万事塞翁が馬だと思う。

だが、着任から1年も経つと、養護学校での生活にもすっかり慣れ、障害や介助についても一通りの知識と経験を得て、他の先生方の足手まといにならなくなった。

また、担任をしている生徒達と過ごす時間がとても楽しくなった。むしろ、彼らといないと寂しく感じるようになった。

若い新米教師の私に、保護者、とくに生徒のお母さん達がよく協力し、助けてくれたことも大きかった。これには、今でも本当に感謝している。このころの保護者の方々は、若い先生を育ててあげようという気持ちがあったと思う。また、教員や学校を信頼してくれていた。

現在、学校現場は、クレームの嵐のなかにおかれている。しかもそれは年々ひどくなっている。担任や教科の教員の些細《ささい》なミスに、怒りをあらわにして、「担任を替えろ、教科担当者を替えろ、辞めさせろ、処罰しろ」と教育委員会や校長に怒鳴り込む。

それは、近隣の住人達も同様だ。「生徒がコンビニの前でたむろっている。公園で騒いでいる」など、学校に頻繁に電話がかかってくる。「気づいたら、おまえが注意しろよ！」といいたい気持ちをグッと飲み込み、たびたび謝罪に行った記憶がある。

つまり、自分の子供しか見ていないうえ、学校が不満のはけ口になっているのだ。

こうしたクレームに対しては、一手に管轄する機関を設置し、取捨選択したうえで、教育委員会が学校に連絡をしたり、なんらかの対処をおこなうべきだと、私は思う。場合によっては、保護者や近隣住人を名誉毀損で訴えられるようなシステムも必要かもしれない。

世間がいうように、問題教員がいるのは事実である。ただ、それはごく一部である。大半の教員は、まじめに教育にあたっているのだ。

また、確かに校内にはいじめの隠蔽や体罰もあろう。こうした問題は、緊急性を要するので、ただちに教育委員会に持ち込む案件である。

しかし、現実にはそうでないことのほうが多いのだ。教育委員会や校長ではなく、担任本人としっかり話せば、解決することも少なくない。それなのに、自分の子供の話だけを真実だと考え、その怒りを教員を飛び越して管理職や管轄機関に上げる行為は、教員をどんどん萎縮させるだけだ。

今や、現場の教員の多くが、訴訟に備えて訴訟保険に入るようになった。問題が起こったときのために保護者の言葉を逐一記録にとり、裁判に備えるのがあたり前になりつつある。

こんなことで、日本の教育はよいのだろうか。信頼関係で成り立つはずの教育現場が、このような状況に陥っていることを、世間はもっと知るべきだろう。

そうしたなかで、私は本当に恵まれていた。さまざまな失敗やミスを犯したが、私と接した保護者は、みな寛容で協力的だった。生徒を卒業させた後も保護者とは定期的に懇親会をおこなっており、私が退職するさいは送別会まで開いてくださった。

だが、実際はそんな理解のある人達だけではないのである。

養護学校で生徒達を卒業させた後、私はやはり専門の日本史を教えたいと考え、全日制の普通科に異動希望を出した。

ところが、次の異動先は定時制高校だった。しかも、赴任先は、自宅から片道2時間かかる学校である。往復するだけで半日かかってしまう。

退勤時間は夜の10時なので、家に帰り着くのは早くて深夜12時。だがバスケットボール部の顧問をしていたので、じっさいに自宅に帰るのは夜中の1時過ぎだった。最寄り駅から自宅まではバスで20分以上かかるが、その時間帯にはバスはない。そこで仕方なく、学校に申請して駅前に駐車場を借りて車で往復した。もちろん駐車場代は東京都から出ないから、すべて自腹を切った。

それにしても、定時制高校は数多くあるのだから、東京都教育委員会の担当者ももう少し通勤時間を考えて人事異動をしてほしかったと今でも思う。

赴任した定時制高校も、衝撃的な学校だった。この時期の定時制は、勤労青年のための学びの場ではなくなっていた。入ってくる生徒は、普通科に入学できなかった子達が中心だった。そのためか、どこの学校も人気がなく、定員に満たない状況だった。私が担任したクラスも定員に満たず、わずか15人ほどだった。

また、全日制高校で成績不良やさまざまな問題を起こして定時制に転入してくる子も多かった。不登校や中退者も少なくなく、よく出勤前に生徒の家に行き、学校に来るよう説得したものだ。

家庭環境についても、非常に悲惨な生徒が多く、同情を禁じえないことも多々あった。よく学校にがんばってきているなと褒めてあげたい子もたくさんいた。

こうした状況だったので、そもそも授業を成り立たせることが非常に困難だった。まだ私も20代だったこともあり、授業中によく生徒とぶつかった。熟睡したり、マンガを読んでいる生徒に強く注意する。だが、いうことを聞かない。そこで怒鳴る。すると生徒も怒鳴り返す。

当然、険悪な状況になる。場合によっては、という一触即発の状況も何度かあった。

そうしたなかで、どうやってこの子達に日本史の面白さを教えたらよいのか、真剣に悩む日が続いた。結果、生徒が興味を持ちそうなエピソードや現代とつながりのある歴史のテーマなどを多く盛り込み、あるいは、じっさいの史料や遺物を生徒に見せるなどして、彼らが興味を持ってくれそうな授業を考案していった。

今時々「世界一受けたい授業」などテレビ番組に出演させていただき、私の授業や解説について「わかりやすい」「面白い」と少なからずいっていただけるのは、このときの苦しみのお陰だと思う。まさにこれも万事塞翁が馬だろう。

教員になって、3校目でようやく、全日制普通科に異動することができた。だが、ここも進学校とはほど遠い学校で、学区では下から数えたほうがずっと早い学校であった。問題行動を起こす生徒も多く、担任や生活指導主任だったときには、しょっちゅう、特別指導をおこなわなくてはならなかった。ここで求められていたのは、専門教科の力ではなく、生活指導の力であった。

このように、同じ都立の学校でも、養護学校、定時制、全日制普通科と、それぞれ求められる力が違うのだ。その都度、大変な思いをしたが、今考えると、そうした学校での経験があったからこそ、教師としての力量が磨かれたのだと改めて思う。

そして、4校目で、中高一貫校になることが決まっていた白鷗高校に着任したのである。白鷗高校、そして都立中高一貫校については、本文で詳しく述べたとおりだ。

24年間の東京都での教員生活のなかで、一番思い出深いのは、やはり最初に着任した養護学校時代である。ここでの3年間の経験が、私の教育観を根底から覆した。

金八先生に憧れて教師になった23歳の青年は、努力すれば何でもできるのだという安易な考えを持っていた。しかしここに来て、「そんなに簡単に生徒にがんばれなんていってはいけないのだ」ということを知ったのである。

養護学校で、担任している生徒が高校2年生になったとき、クラスで小田原に遠足に行った。そのとき、私は生涯忘れられない経験をする。

どうしてもいろいろな人にそれを知って欲しくて、NTTトーク大賞というエッセイの公募に出したところ、その文章が優秀賞を受賞した。選考委員は、阿川佐和子さん、高橋洋子さん、外山滋比古さん、フランソワーズ・モレシャンさん、真鍋博さんだった。

それは、次のような体験であった。

＊

私は、養護学校の教員をしている。今年の春、クラスの生徒10名を連れて、小田原に遠足にいった。クラスで、遠くに出掛けるのは、初めてだった。予定が大幅に遅れて、昼食前に12時を過ぎてしまった。私たちは、1時半に帰りの小田原のロマンスカーの席を予約しているのだ。

急いで、近くの食堂に入った。お昼時で、大変混み合っている。しばらくして、女性の店員が注文を取りに来た。

字の読めない生徒、言葉を発することができない生徒が半分以上いる上、メニューに写真が付いていないので、なかなか注文が決まらなかった。

そんな私たちの動作に業を煮やしたのか、店員は途中までしか注文を聞かず、プイと向こうへ行ってしまった。忙しいのはわかるが、私は彼女の態度に腹が立った。

ようやく、注文が決まって、他の店員にそれをたのんだ。

待っている間、押し入れの奥に座布団があったので、私がそれを生徒達に配っていたら、さっきの店員が血相を変えて飛んで来て、「困ります！　これは使わないでください！」と私の手からそれを引ったくり、他の場所から座布団を持ってきて、投げつけるような乱暴さで、私達にそれを配りはじめた。

これには、私も頭に来て、店員に一言文句を言ってやろうと、口を開きかけたその時、店員に投げつけるように配られた座布団を受け取った勇太（仮名）が、にっこりとその店員に笑いかけて、「おばさん、ありがとう！」と言ったのだ。

一瞬、私は体が動かなくなった。すぐに我に返ったが、感動で言葉が出ない。

すると、他の生徒達も口々に「おばさん、ありがとう！」と言い始めたのだ。言葉を発することができない生徒は、店員に向かって「ありがとう！」と手を合わせていた。私は、泣きそうになった。

「ダレカニ、ナニカヲ、シテモラッタラ、アリガトウト、イイナサイ」

それは、私がいつも生徒達に教えていることだった。彼らは、その通り実行した。今の世の中、どれだけの人間が、他人にしてもらったことに対して、素直に感謝の気持ちを捧《ささ》げられるだろうか。まして、このような扱いをうけて。

私は、彼らの純粋さに心打たれ、自分の短気を深く恥じた。

誰が、この言葉に感動しないものがいようか。

それまでずっと乱暴な態度をとっていた店員は、それを聞いて、人が変わったように良く世話をしてくれ、生徒達とも色々話し、帰りには見送ってくれた。勇太の一言が、私の時間に対する焦りや、忙しさで苛立《いらだ》っている店員の心を一瞬にして、正気に立ち返らせてくれたのだ。私にとって、この経験は、生涯忘れ得ぬものとなろう。それは、あの店員とて同じであろう。

なんとこの子達から学ぶことが多いことか！　私は、この子達とともに生きている自分が、幸福だと思った。そして、この子達が、心から好きになった。

*

あのときの鮮烈な感動は、いまもよく覚えている。

この文章を書いた13年後、付き合いのある出版社に私宛の手紙が届いた。受け取ってみると、差出人は、勇太の母親だった。

彼が亡くなったという知らせであった。まだ30歳になったばかりだった。

さらに手紙には、勇太の葬式に参加したある方のコラムが同封されていた。

そこには、次のように記されていた。

「(葬式の)式次第に『おばさん、ありがとう!』という一文が挟んであった。何のためだろう? 不思議に思った私は、式が始まるのを待つ間にそれを読んでみて、いたく感動した。養護学校の河合敦先生が書いた体験談だったが、ことに知的障がい者たちの素晴らしさを見たからだ。

そうか、勇太君はそんなこともしたのか。それで、白木のお棺の横に大書してあった

『ありがとう』の意味がわかった。息を引き取る前も、何か言いたそうだったのでお母さんが『ありがとう、なの？』と聞いたら勇太君は頷《うなず》いたそうだ。彼は心から、〝ありがとう〟と言える若者だったのだ。お棺の言葉はみんなへの〝ありがとう〟だったのだろうが、皆が勇太君に贈る〝ありがとう〟でもあったと思った」

私は、この手紙とコラムを読んで、恥ずかしいことに涙がとまらなくなってしまった。私のこの文章が、その後もずっと勇太の家族の支えになっていたことをはじめて知ったのである。

今、私は早稲田大学で非常勤講師として社会科教育法（歴史的分野）という教科を教えている。学生は、教師の卵達である。

彼らに教師としてのあり方をしっかり学ばせること、また、こうした若い教師達が存分に教育現場で活躍できるよう、日本の教育環境を整えていくことが、これからの自分の役割だと思うようになっている。本書がその一助になればと心より願っている。

河合　敦

著者略歴

河合 敦

かわいあつし

一九六五年、東京都生まれ。早稲田大学大学院修士課程修了（日本史専攻）。
第17回郷土史研究賞優秀賞（新人物往来社）、
第6回NTTトーク大賞優秀賞を受賞。
一九八九年、日本史の教諭として東京都に採用され、
二〇〇四年より都立白鷗高等学校・附属中学校に着任。
教壇に立つ傍ら、歴史作家・歴史研究家として、『岩崎弥太郎と三菱四代』
『二代将軍・徳川秀忠』『後白河法皇』（幻冬舎新書）、
『なぜ偉人たちは教科書から消えたのか』『教科書から消えた日本史』（光文社）、
『江戸のお裁き』（角川oneテーマ21）、
『読めばすっきり！よくわかる天皇家の歴史』（角川SSC新書）、
『いっきに！同時に！世界史もわかる日本史』（じっぴコンパクト新書）
など数多くの著作を刊行。
二〇一三年、東京都を退職。現在、早稲田大学教育学部講師。

幻冬舎新書 324

都立中高一貫校10校の真実

白鷗／両国／小石川／桜修館／武蔵／立川国際／
富士／大泉／南多摩／三鷹／区立九段

二〇一三年十一月三十日 第一刷発行

著者 河合 敦
発行人 見城 徹
編集人 志儀保博
発行所 株式会社 幻冬舎
〒一五一-〇〇五一 東京都渋谷区千駄ヶ谷四-九-七
電話 〇三-五四一一-六二一一(編集)
〇三-五四一一-六二二二(営業)
振替 〇〇一二〇-八-七六七六四三
ブックデザイン 鈴木成一デザイン室
印刷・製本所 中央精版印刷株式会社

検印廃止
万一、落丁乱丁のある場合は送料小社負担でお取替致します。小社宛にお送り下さい。本書の一部あるいは全部を無断で複写複製することは、法律で認められた場合を除き、著作権の侵害となります。定価はカバーに表示してあります。
©ATSUSHI KAWAI, GENTOSHA 2013
Printed in Japan ISBN978-4-344-98325-0 C0295
か-11-4
幻冬舎ホームページアドレス http://www.gentosha.co.jp/
*この本に関するご意見・ご感想をメールでお寄せいただく場合は、comment@gentosha.co.jp まで。

幻冬舎新書

河合敦
岩崎弥太郎と三菱四代

坂本龍馬の遺志を継ぎ、わずか五年で日本一の海運会社を作り上げた岩崎弥太郎とその一族のビジネス立志伝。彼らはなぜ、短期間で巨万の富を築き、財界のトップに成り上がることができたのか?

河合敦
二代将軍・徳川秀忠
忍耐する〝凡人〟の成功哲学

将軍になってからもお飾りに甘んじ、実権を握る父親にひたすら平伏し続けてきたのは、秀忠の仮の姿だった。類稀なる忍耐力と、容赦ない政治手腕で徳川幕府の基盤を築き上げた二代目将軍の生涯。

河合敦
後白河法皇
平家を滅亡させた黒幕

源平の棟梁と渡り合い何度も幽閉されながら、そのたびに不死鳥のように甦った後白河法皇。アスペルガー症候群だったとの説もある、史上最も奇怪な天皇の生涯を新解釈を交えて読み解く。

石井至
慶應幼稚舎

初年度納付金は最低で約150万円。縁故入学は多くても4人に1人。お受験教室の運営を通じて慶應幼稚舎を知り尽くした著者が、その教育理念、入学試験、学費、卒業後の進路などを徹底分析!

藤井誠二
体罰はなぜなくならないのか

親が求め、教師が溺れ、学校が隠し、世間が許す。これまで体罰が原因で多くの子どもの命が奪われてきたが、私たちはみな共犯者だ。長年にわたり体罰問題を取材してきた著者が暴力の連鎖構造を抉る。

阿部泰尚
いじめと探偵

被害生徒がいじめの事実を訴えても学校は「証拠を出せ」と言う。もはやいじめの解決を私立探偵に委ねるしかないのか。第一人者が実際にあった具体的な事例から証拠集め、交渉法や解決法を伝授。

石田淳
始める力

英会話やダイエットなど、始めたいのにできない人の役に立つのが「行動科学マネジメント」のメソッド。「ハードルを下げる」「小さなゴールをつくる」「形から入る」などの始めるヒント17。

渡辺雄二
体を壊す10大食品添加物

本書では消費者の体を確実に蝕んでいる、最も危険な10の食品添加物を紹介。普段口にする食品には体に悪い物質がこんなにも使われていた。食を見直すきっかけになる、現代人必読の書。

幻冬舎新書

橋本淳司
日本の地下水が危ない

外国資本による日本の森林買収が増え、多くの自治体が「狙いは水資源か」と警戒。ペットボトル水需要の急増、森林・水田の荒廃など、国内事情も深刻化。日本の地下水の危機的現状を緊急レポート。

岡田斗司夫 FREEex
オタクの息子に悩んでます
朝日新聞「悩みのるつぼ」より

朝日新聞beの人気連載「悩みのるつぼ」で読者や相談者本人から絶大な信頼を得る著者が、人生相談の「回答」に辿り着くまでの思考経路を公開。問題解決のための思考力が身につく画期的な書。

岡田尊司
発達障害と呼ばないで

「発達障害」と診断されるケースが急増している。しかし実際は、「愛着障害」であるケースが大半だ。「愛着障害」とはいったい何なのか？　「発達障害」急増の意味を明らかにする、衝撃と希望の書。

深代千之　長田渚左
スポーツのできる子どもは勉強もできる

「東大入試に体育を」と提唱するスポーツ科学の第一人者と、数々のトップアスリートを取材してきたジャーナリストが、学力と運動能力の驚くべき関係を明らかにする。「文武両道」子育てのすすめ。